理论与方法：高校英语教学综合研究

张晓琴 ◎ 著

吉林出版集团股份有限公司

图书在版编目（CIP）数据

理论与方法 ： 高校英语教学综合研究 / 张晓琴著
. — 长春 : 吉林出版集团股份有限公司, 2023.8
ISBN 978-7-5731-4226-9

Ⅰ. ①理… Ⅱ. ①张… Ⅲ. ①英语－教学研究－高等
学校 Ⅳ. ①H319.3

中国国家版本馆 CIP 数据核字（2023）第 176518 号

LILUN YU FANGFA GAOXIAO YINGYU JIAOXUE ZONGHE YANJIU

理论与方法 ： 高校英语教学综合研究

著　　者　张晓琴
出版策划　崔文辉
责任编辑　金佳音
封面设计　文　一
出　　版　吉林出版集团股份有限公司
　　　　　（长春市福祉大路 5788 号，邮政编码：130118）
发　　行　吉林出版集团译文图书经营有限公司
　　　　　（http：//shop34896900.taobao.com）
电　　话　总编办：0431-81629909　营销部：0431-81629880/81629900
印　　刷　廊坊市广阳区九洲印刷厂
开　　本　710mm×1000mm　1/16
字　　数　235 千字
印　　张　13.5
版　　次　2023 年 8 月第 1 版
印　　次　2023 年 8 月第 1 次印刷
书　　号　ISBN 978-7-5731-4226-9
定　　价　78.00 元

前　言

英语是一门实践性很强的学科，它在加强学生运用语言进行交际的能力、优化学生大脑语言结构、培养学生的创新素质等方面有得天独厚的优势。在教学中，教师应围绕学生创新能力的培养，进行大胆的探索。随着信息时代的到来，知识推陈出新，以前所未有的速度进行着。这就要求未来人才必须具备搜集和综合分析各种信息资料以及创造性的思维能力，单凭学习课本的内容是不够的。教师应通过拓展教学内容，使学生有更多的机会去发展这种能力。综合英语作为大学本科英语专业低年级最重要的课程之一，注重对学生英语听、说、读、写综合能力的培养，其对英语专业其他课程的学习起着基础作用，并为高年级阶段语言水平的提升累积扎实的基本功。传统授课方式的效果并不理想，学生在期中、期末考试和语言等级测试中的表现差强人意，经过分析总结，我们得出结论：对综合英语课程进行教学改革是英语学科发展的必然趋势。

本书先是对高校英语教学概况进行介绍，详细地分析了高校英语教学的理论，接着对高校英语教学模式和高校英语教学方法进行了系统的梳理，最后在高校英语教学综合改革方面做出了探讨。

本书在撰写过程中，笔者借鉴了许多专家和学者的研究成果，在此表示衷心的感谢。本书研究的课题涉及的内容十分广泛，尽管在写作过程中竭尽全力，但仍难免存在疏漏，恳请各位专家批评指正。

目　录

第一章　高校英语教学概况

第一节　英语教学理论概述

高校英语教学是一种建立在一定的理论基础之上的科学性教学。但是，由于研究者的思想不同，对理论研究的侧重点不同，最终形成的理论对英语教学也会有不同的影响。本节从哲学理论、语言学理论和心理学理论三个方面，对现有的英语教学理论进行了概述和总结，从而对英语教学实践发挥理论指导作用。

一、英语教学的语言学理论基础

历史比较语言学主要研究和比较各种语言变化和发展的历史，比较各种语言的语音、词汇、语法形态结构的变化和发展历史，以便获得各种语言的相同和不同的构造语系。历史比较语言学研究认为，各种语言起源于一种始源语言。语言起源于原始人的喊叫，或对自然界声音的模仿，或始于身体各部位的动作，或对客观事物的象形。英国学者琼斯于 1786 年发表的论文认为拉丁语、希腊语与梵语的词根和语法结构形态很相似，它们都源于同一始源语，并由此得出各种语言可以相互翻译的结论。由此，历史比较语言学就成了翻译法的理论基础，同时开创了语言学成为外语教育教学理论基础的先河。为此，外语教学法的研究与教学也开始关注语言学理论对外语教学的指导意义，并力求从语言学理论中寻求外语教学的理论基础。

（一）知识与能力

知识是什么？能力是什么？这是一个当前外语教育界争论的热点问题。外语教育要把知识与能力的概念和含义辨认清楚。为此，首先必须加强对哲学、语言学（当然也包括心理学、教育学等）的语言知识观和语言运用能力观的理论关注，加深对知识观与能力观的历史发展变化特征的认识，吸收知识观与能力观新的理念，使传统与现代、历史与现实、理论与实践相辅相成和沟通融合。然后，回过头来反思、分析外语教育中知识与能力的问题和探索其未来的发展方向，就能看得更清楚、领悟得更透彻、体会得更深刻，就能更好地提升外语教育理论的科学性和实践的有效性。

任何事物内部都包含本身独有的矛盾，这样就制造出一事物区别于其他事物的特殊本质。概念的内涵是反映其事物内部固有的特殊矛盾和区别于其他事物的特殊本质，是反映事物的本质特点。因此，明确事物的概念及其内涵，能揭示它的本质特征和实质内涵。交际运用语言能力，是外语课程中最关键的术语和最核心的概念。以哲学和语言学为理论基础，认识语言知识与交际运用语言能力的概念及实质、内涵和潜藏的因素及其关系，就能直接作用和深刻影响外语教育的方向、性质、价值观、教育目标、教学内容、教学过程、教学策略方法和教学评价等。以哲学和语言学为理论基础，反思、辨别和论证语言知识与语言运用能力的概念、本质特征和潜藏因素及其来龙去脉，就显得特别重要。

（二）语言与言语

德国哲学家、语言学家洪堡特曾在《语言结构的多样性》中指出，语言是人脑内在的一种结构，是说话者的智能部分，是大脑的一种创造性的能力。人们能运用有限的语言手段创造出无限的语言行为。他还提出语言的概念，认为语言是一种外显行为。著名的瑞士语言学家索绪尔强调语言在社会中的作用，语言在人类生活中的作用，人们是怎样运用语言和语言使用规律的。在他的学生根据他讲课内容整理的、号称“语言学领域哥白尼式革命”的语言学专著《普通语言学教程》一书中，索绪尔首先用法语区分了语言（langue）和言语（parole）这两个既不同又相对应的核心概念。语言学界对这种区分给予高度的评价，认为区分语言和言语两个相对应的术语，对语言学研究语言本质特征做出了重大的历史贡献。因为区分语言和言语这两个概念，是最能体现语言本质特征的。

1. 语言

语言等同于语言体系。作为代代相传的一种体系，语言包含语音、词汇、语法结构规则，是一种潜在于人的头脑中（或语言社团中）共有的一种抽象的和稳定的体系，是内在于大脑中的一种语法系统或一套普遍规则。因此，语言具有社会性的特征，它决定每个人听、说、读、写的具体形式。

2. 言语

言语是指语言运用，是指语言“运用”的范畴，是人们说出和听到的话，是人们写出和理解的内容。言语是人们说话表达内容时的内在心智符号和心理生理机制相组合的外化结果。也可以说，言语是语句的产出、表达和运用。言语就是运用语言或语言运用，是表现出来的具体内容。它反映讲话人的特点，并与具体的情境或环境、语境和情感紧密相连。因此，常因时因地而无限动态地变化。

相对于语言来说，言语具有具体性和变化性等特点。语言和言语既有区别，又有联系。语言是言语的形式，它有三个要素：语音、词汇和语法；言语是语言表达的内容，是听到和说出的话语，是运用语言表情达意。这是语言与言语的区别特征，但语言与言语又是紧密联系的两个方面。言语，是一个言语社团说出的话和内容；语言，是从言语中归纳出来的结构形式。一个言语社团说出话的总和，就是该言语社团的语言。

（三）语言结构与实际话语

美国描写主义语言学和结构主义语言学的代表人物，有博厄斯及其学生萨丕尔。他们对美洲印第安人百余种土著语言的描写，开创了描写语言学和结构语言学的先河。布龙菲尔德专著《语言论》，标志着结构主义语言学的诞生。20 世纪 30 年代初至 50 年代末，它成为世界上占统治地位的语言学流派。布龙菲尔德完全赞同索绪尔把语言区分为语言和言语两个方面的观点，并根据这一观点，把语言区分成语言结构和实际话语两个因素。

1. 语言结构

语言结构的特征对社团来说都是一样的，是语音、语法范畴和词汇等组成的一个严格系统。语言系统，是一个语音、词汇、语法习惯的稳定结构，是一个语言社团可能说出的话的总和。

2. 实际话语

实际话语（言语）的特征是语言系统未固定的方面，各方面都不相同，而且在系统的特征上都是因时因地和因具体情境无限变化的。实际上，布龙菲尔德描述习惯的、稳定的和严格的语言结构系统与实际话语的区别特点，与索绪尔的语言与言语的内涵完全一致。

（四）语言和言语行为

奥斯汀把说出的语句分成三种言语行为。一是说出语句行为，主要是指用语言组成的声音，构成符合语法的句子或用表达某些事物意义的综合体来完成的行为。二是用语言做事行为，是指在特定的语境中、特定的条件下，抱有特定的意向说出语句来完成的行为。三是用语言取效行为，主要是指用语句完成事件并取得效果的行为。

塞尔在此基础上又补充了第四种行为：命题行为。他认为，用语言做事包含命题和言外之力。词面、句面意义和言外之间，是紧密联系的。所以，说出语句时，四种行为——说出语句行为、用语言做事行为、命题行为和用语言取效行为，是同时实现的。

塞尔根据用语言做事行为四个条件（或四条标准），进一步对用语言做事行为进行了分类。这四条标准，一是基本条件，即说出语句的意向（目的）；二是真诚条件，即呈现出的心态；三是先决条件，即合适的方向，语句与世界的关系；四是命题条件，即命题。他还根据这四条标准把用语言做事行为分成了五类：

（1）断言行为：指描述世界上的状况或事件的言语行为。

（2）指示行为：指具有使听话者做某些事的功能的言语行为。

（3）承诺行为：指说话者将承担做某些事的言语行为。

（4）表达行为：指说话者表达对某事的情感和态度的言语行为。

（5）宣告行为：指改变某事状况的言语行为。

奥斯汀和塞尔提倡的言语行为，在语言教学和教学大纲设计中常被用作语言功能。

索绪尔、奥斯汀和塞尔对语言和言语区分的观点基本相似。他们都把言语看作是说话，是语言运用，是听、说、读、写运用语言，仅仅是后者把说话进一步看作是言语行为，用语言做事的行为。

（五）语言行为潜能和实际语言行为

以捷克语言学家马泰休斯、波兰社会人类学家马林诺斯基、英国语言学家弗斯及其学生韩礼德为代表的英国社会语言学派，即功能语言学派，把语言看作社会现象，是人类生活的一种方式，是人们社会活动的有机组成部分。由此，他们跳出了语言形式研究的局限。

韩礼德根据言语行为理论，进一步发展研究语言功能理论。正如他所说："语言学……应关注……言语行为或文本，只要通过使用语言，即所有的语言功能的研究，那么所有意义部分就凸显成为中心。"言语行为是用语言做事，语言功能是指有意义地使用语言，也指用语言做事。语言功能实际上就是言语行为。韩礼德描述，儿童学习使用母语时的七个基本语言运用功能如下：

（1）工具功能：用语言取物。

（2）调节功能：用语言控制他人的行为。

（3）互动功能：用语言与他人互动。

（4）个人功能：用语言表达情意。

（5）启示功能：用语言学习和发现。

（6）想象功能：用语言创造一个想象的世界。

（7）陈述功能：用语言交流信息。

韩礼德选用语言行为潜能和实际语言行为两个概念来替代索绪尔的语言与言语和乔姆斯基的语言能力与语言运用的概念。三人在言语问题上的观点基本上是一致的。他们都认为，言语是说话者实际说出的话。韩礼德对语言问题则有自己独特的看法。他认为，语言不是一种"知识"方式。语言是一种"做事"的方式，是说话者在语言和文化上选择的范围，即言语行为、能做事的范围。语言是说话者“能做”的事，言语是说话者“实际做了”的事。言语要得体，要根据特定的时间、地点、人物、怎么说、说什么话。人们可通过语境变化、交际文体差异、交际双方的社会身份和关系来预见学会用语言做事。

（六）语言与交际能力

英国社会语言家海姆斯基于言语行为理论和功能语言学理论认为，语言功能是言语行为，是用语言做事的观点，对比区别乔姆斯基的“语言能力”后，首先确定了的是交际能力的概念。海姆斯认为，一个获得交际能力的人，必须获得语言知识和使用语言的能力。

海姆斯和威德森等认为，语言是为了交际，作为语言知识的语言能力则是交际能力的一个组成部分。一个获得交际能力的人，他必须既获得语言知识又获得使用语言的能力。他运用掌握的语言知识，造出了适合语法的句子，还运用掌握的语言规则非常得体地使用语言。因此，如果不懂使用规则，只是单纯地掌握语法规则，也是没有用的。交际能力的四个特征表现如下：

（1）能分辨并造出适合语法的句子。

（2）能判断语言形式环境并在其中得体地使用语言。

（3）能在实际的语言环境中非常恰当地使用语言。

（4）能清楚语言是实际交往中常用的和受限定的。

海姆斯提出交际能力实际上包含了语言知识和语言运用两个方面，并规范了它的可接受性、可行性、适合性和实用性的四个特征（或四个标准）。由于定义交际能力并不存在一个具体客观的标准，因此海姆斯的交际能力的四个特征并未达到公认的权威性和科学性，也未能为社会语言学家、功能语言理论提倡者所一致接受。

《牛津语言学词典》中对交际能力是这样定义的：“一个说话者在一个社团中熟练地运用语言规则和惯例等的整套知识。这是20世纪60年代后期，海姆斯用以区别乔姆斯基把能力概念限制在语法知识范围内。”

根据这个交际能力的定义，对比包括海姆斯在内的语言学家和语言教学法学者所赋予交际能力的特征，可以清楚地看出，如果把个别人的策略能力剔除在外，那么上述各家的特征基本上都包含在这条定义规定的范畴之内。而海姆斯和理查兹等人提出的四个特征，更趋同于该交际能力的定义。因此，交际能力主要蕴含语言知识和语言运用两大因素：

（1）语言知识即语言能力，是指语言的语音、词汇、语法结构和使用语言规则的知识，以及用语言做事的功能等的知识。

（2）语言运用即社会语言能力和语用能力，是指运用语言实现交际功能的能力。

（七）知与行

1991年4月美国总统签署的《美国2000：教育战略》和2002年1月8日美国国会通过的《不让一个孩子掉队法》，以及1996年颁布、1999年修订公布的《迎接21世纪外语学习标准》中多次明确提出，外语教育的目标“要求学生完成知道什么和能做什么事的任务”。这与威德森提出的知和做两个概念是完全一致的。威德森说得非常简练和清晰，语言学习包含两个方面：知和做或行。知是反映知道语言知识，即语音、词汇、语法等语言结构的知识。做或行是指用语言做事，即言语、语言运用能力、言语行为、交际的能力和交际运用语言能力。其实，美国外语学习中知与行概念和功能的区分，恰恰与我国优良传统中博大精深的知行统一，与学问思辨行的哲学、文化、教育的理念一致。

二、英语教学的心理学理论基础

（一）主要的心理学理论

心理学原属哲学范畴，直到 19 世纪下半叶，它才脱离哲学成为一门独立的学科。在短短的 100 多年时间里，心理学获得迅速发展。从心理学成为独立学科起，它就对课程与教学产生着越来越重要的影响，并成为外语教育、课程和教学的主要理论基础。回顾外语教育、课程与教学的历史，它们的变换、更替、发展和创新无不打上心理学理论的烙印。先后对外语课程产生影响的心理学理论有：官能心理学、联想主义心理学、行为主义心理学、认知心理学、人本主义心理学等。

1. 官能心理学

官能心理学起源于古希腊的灵魂官能说和笛卡儿的心灵实体论的哲学观。它在一定程度上影响了欧洲文艺复兴时期的拉丁语教育、课程与教学。从 17 世纪至 19 世纪，西方学校教育以官能心理学为理论基础，始终把拉丁语、希腊语、阿拉伯语等古典语言作为训练心灵的最佳学科。

官能心理学的创始人是沃尔夫。他认为人的心灵可划分为不同的官能，它们是可以单独加以训练发展的。而繁杂的古典语言拉丁语的语法是训练学生记忆能力和促进逻辑思维能力的理想材料，通过讲解、操练语法规则，阅读、翻译课文和原著可以达到发展学生智慧的目的。外语课程翻译结构形态及后来教育中流行的形式训练说，都是在官能心理学的理论基础上发展起来的。

2. 联想主义心理学

在心理学史上，英国哲学家洛克第一个提出了“联想”这个概念。早期的联想主义认为，人类是通过经验获得知识和观念的，学习是由观念联想构成的。

桑代克是用动物进行实验研究的代表人物之一，他用迷津状态下的猫进行了动物学习的实验，揭示了动物式学习的过程。在他看来，人与动物的学习方式无异，都是刺激和反应联结的加强，无须意识参与，不过人类的学习方式可能要复杂些。他根据实验的结果，提出了准备律、效果律、练习律等学习定律。直接法主张外语的词语与实物、行动之间建立联想关系，这与联想主义心理学相关。外语课程中的直接法和情境结构形态的联结也深受联想主义心理学的影响。他们的代表人物斯威特认为，语言的整个学习过程是形成联想的过程。帕默也认为语言学习是形成习惯和自动化的过程。

苏联的巴甫洛夫用狗做了经典条件反射作用的实验。实验结果认为，条件反射是在非条件反射基础上形成的暂时神经联系，使动物适应生活环境的变化。如果暂时神经联系获得进一步巩固，就会形成动力定型，养成自动化的习惯。晚年他还创建了两种信号系统学说：第一信号系统学说（以具体事物为条件刺激）和第二信号系统学说（以词语为条件刺激），以此解释引起动物条件反射的原理。两种信号系统学说认为，词语第二信号系统与具体实物第一信号系统一样，都能引起动物条件反射。外语自觉对比法依靠本族语的原则就是建立在已有的母语第二信号系统的理论基础之上的。

3. 行为主义心理学

行为主义心理学是20世纪上半叶在北美乃至世界各地占统治地位的心理学流派。华生是行为主义心理学的奠基人，他把行为而不是意识当作研究的客观对象，否定人的意识作用，认为人的学习行为，包括情绪反应，是“刺激反应”联结的结果。

行为主义心理学在20世纪20年代有了新的发展，其中有影响的代表人物是托尔曼、赫尔、奥斯古德等。他们认为在刺激与反应之间存在着中介变量，而以斯金纳为代表的新行为主义影响最大，他用白鼠和斯金纳箱做实验，除了证明经典条件作用应答性的行为学习之外，他还首创了操作性条件作用的原理，而操作性条件作用模式则又可用来解释基于操作性行为的学习行为。他称此为“强化类条件作用”，并用公式表示：刺激（S）—反应（R）—强化（R）。在他看来，言语行为同非言语行为一样，也是由一连串S—R联结和获得强化而形成的习惯行为。

联想和刺激、反应、强化是学习和记忆的基础，它们是听说法的理论基础。听说法认为，外语学习是形成一个习惯的过程，而习惯是通过刺激（S）—反应（R）—强化（R）来形成和巩固的。

4. 认知心理学

美国的乔姆斯基提出的理性主义猛烈抨击了语言学习经验主义的行为主义理论。他创立的转换生成语法理论认为，语言是受规则系统支配的语言，人类的绝大多数语言运用不是行为模仿，而是从隐含着的抽象规则中创造出新的句子，句子不是模仿和重复所得的，而是由学习者的语言能力（内在的语言知识结构）转换而成的。与此同时，认知心理学反对刺激、反应二元说，认为在刺激和反应之间还存在有机体的思维活动（S—O—R），强调人的心理认知过程。皮亚杰的新旧知识同化成新的结构 S—（AT）—R 理论和个体同化（A）于认知结构（T）之中的观点、布鲁纳的掌握知识的基本结构观点和发现法、奥苏贝尔的有意义学习等，都成了外语课程认知结构形态、交际结构形态和教学法体系的认知心理学基础理论。

5. 人本主义心理学

人本主义心理学的创始人是马斯洛和罗杰斯。此理论产生于 20 世纪 60 年代的美国。人本主义心理学是当时盛行的行为主义心理学派和精神分析学派这两股思潮相对抗的结果。由于它不同于两股心理学思潮，所以称“第三思潮”或“第三力量”。它认为行为主义是机械的，忽视人的情感反应，而弗洛伊德心理学则过分强调人的无意识情绪，怀疑个人动机。与此两股思潮相反，马斯洛强调人的主观活动，第一次把“自我实现”和“人的潜能”引入心理学。以人本主义心理学为基础的教育是以“人的能力的发展”为目的，期盼把人培养成自由的人，达到实现自我价值的目标。这意味着人格的其他部分发展成长与智力发展同等重要。这样的人才是知情合一的人，是完整的人。学生是作为完整的人而存在的。人本主义心理学强调认知与情志的统一，形成自我实现的人格。由此可见，学校教育要以学生的发展为中心，强调学生的实践，防止抑制学生学习中的身体活动、认知能力和语言活动，并且发扬学生之间、师生之间的探究合作，发展良好的人际关系，营造一种宽松的心理氛围。这些学说无疑给传统的教育思想带来了极大的冲击，也向教师提出了严峻的挑战。

人本主义心理学的思想影响了 20 世纪 70 年代的外语教育。先后出现了一系列外语课程结构形态，如社团学习、沉默、暗示、全身反应、自然和合作学习结构形态和方法体系等。

（二）心理学的知识观对英语课程与教学的作用

知识问题是教育的基本问题，也是现代心理学讨论研究的基本问题。什么是知识？知识有哪些类型？学习者怎样获得知识？对这些问题的认识直接影响着学校教育的课程形态、教学特点、学习方式和评价方式。笔者从现代心理学知识点的角度，探讨其对我国英语课程与教学的作用和影响。

1. 心理学的知识观

我国教育对知识的定义是从哲学认识论的角度来进行描述的："所谓知识，就它反映的内容而言，是客观事物的属性与联系的反映，是客观世界在人脑中的主观印象。就它反映的活动形式而言，有时表现为主体对事物的感性知觉或表象，属于感性知识；有时表现为关于事物的概念或规律，属于理性知识。"知识是"对事物属性与联系的认识，表现为对事物的知觉、表象、概念、法则等心理形式"。

认知心理学（信息加工心理学）、心理语言学则是使用信息加工理论来定义知识的。知识是"个体通过与其环境相互作用后获得的信息及其组织，被储存于个体内，即为个体的知识；通过书籍或其他媒介储存于个体外，即为人类的知识"。它与传统知识观从哲学认识论角度研究知识不同，认知心理学、心理语言学侧重研究的是个体习得的知识的性质、类型及获得的过程与条件。它不仅研究知识如何被储存和提取，还研究知识如何被应用。认知心理学区分了认知领域的知识，即复述性知识、流程性知识及方法性知识。

复述性知识是个人能够提取线索，能直接复述信息来回答"是什么、为什么、怎么样"的问题，可以用语言来表达和传递，如英语单词的意思，现在进行时的概念、构成形式、意义和用法等。

流程性知识也称智慧技能，是指个人在无意识的情况下来提取线索，所以它的存在只能借助某种形式间接推测而形成知识。如能用动词的适当形式完成句子、概括课文主旨等都表明该学生具备了相应的程序性知识。

方法性知识也称认知策略，是一种特殊类型的程序性知识，主要用于调控自身认知过程，以提高学习效率。如为了记忆一个英语单词，学生可运用联想、构词法、同义、反义、组词等不同的策略。

我国教育知识观中的知识相当于认知心理学中的一种陈述性知识，主要是核心的事实和概念，只涉及知识的储存和提取，是一种记忆性知识，而技能与能力又是单列的。

2. 心理学知识观对英语课程与教学的影响

（1）心理学的知识分类与英语课程的目标框架

在英语学科中，课程的目标体系不仅需要体现学科特点，还需要反映课程改革的总体指导思想。

其实，课程不仅要关注认知领域（陈述性知识和程序性知识），夯实知识与技能双基，还需要将目光投向交际运用语言能力（也属于程序性知识）、人的思想情感和伦理道德品质、信念，甚至需要关注智力、个性发展，跨文化知识与能力和自学能力的培养，旨在体现学生全面发展的价值取向。外语课程建设、发展和实施的目的在于恢复英语学科本身的多元价值，拓展和深化英语学科的教育功能，使学生在培养英语素养的同时发展智慧能力、情感意志、思想文化、自学能力，以及形成积极有效学习、辩证思维和正确思想观念。这不但体现了语言学科工具性和人文性的学科性质，还反映了学生全面发展的素质要求。

（2）英语教科书中的知识类型与教师对教科书的理解和使用程度

由于教科书自身固有的话语体系和话语方式，教科书内容比较容易呈现出陈述性知识，而在揭示程序性知识方面有一定的局限性。传统教科书受“学科中心”和“教科书中心”思想的束缚，过分强调英语学科的知识体系（语法、结构等）或陈述性知识。而新的英语教学大纲、课程标准、英语教科书试图通过一些言语活动和语言活动的设计来提示教师，为陈述性知识向程序性知识的转化提供了多种可能。但是，教科书的编写也存在一定的“拿来主义”现象。另外，教科书只是教师进行教学的工具和辅助材料，教科书中的活动或练习未必都能适合教师自己的英语教育教学情境，不假思索地照本宣科，不但达不到两类知识的转化目标，还可能因知识缺失而挫伤学生学习的积极性。如若教师心中只有交际能力和跨文化交际能力，那么使用教科书就会忽视夯实双基，其结果会导致学生只关注英语知识，或只重视发展跨文化交际能力，却忽视了英语素养和人的全面发展。

（3）知识类型的转化

第一，从陈述性知识向程序性知识转化。在陈述性知识如何向程序性知识转化的问题上，关键是陈述性知识的程序化问题。安得森曾对“程序化”问题做过阐述。这一过程的核心是陈述性知识的技能化或能力化、程序化或自动化。在英语学科中，必要的语言知识是学生形成语言运用能力的基础，但仅掌握语言知识是不够的，它必须经过大量的练习和运用才能使其程序化，才能转化为语言技能和交际运用语言的能力（程序性知识）。以英语现在进行时的教学为例，如果学生掌握了进行时的概念和构成形式，但在实际交际情境中却不知其意思，也不能理解和运用，这就说明它缺乏一个程序化的过程。教师必须增加变式的练习，随着练习的增加，陈述性知识就能转化为程序性知识，最终形成自动化的交际技能。这时，学生就不用死记硬背那些语言知识，也能初步进行交际了。

第二，从流程性知识向复述性知识转化。语言学习不仅能从陈述性知识转化为程序性知识，还可以反向运行，即在使用程序性知识过程中加深对概念的理解，获得新的陈述性知识，实现程序性知识向陈述性知识的转化。为此，在交际过程中教师可以明示某些陈述性知识，让学生通过有意识的重构，将程序性知识转化为陈述性知识。如果没有这一步，很多学生可能在交际中流利表达，却漏洞百出，长此以往，就会导致语言的“石化现象”。为防止这一现象发生，约翰逊也提出程序性知识必须“陈述化”，如目前中小学使用的教科书大多先行培养学生的听、说能力，教师须在学生掌握了一定的程序性知识后使陈述性知识明晰化，才能让学生对学过的知识重新认识，以提升他们的语言意识，防止出现“课上兴高采烈，考场黯然神伤”的现象。当然，掌握陈述性知识不是教学的终极目标，学生在理解知识、结构和概念后，还可以进一步在创设的或真实的交际情境中广泛应用，以达到对语言形式的自动化运用。因此，知识转化不一定是复述性知识向流程性知识的单向运行，也可以是两种知识的双向转化。从陈述性知识向程序性知识转化和从程序性知识向陈述性知识转化代表了两种不同的学习路径，它们本质上无优劣之分，更多的是互为补充。选用何种路径受到各种因素的影响，理想的学习效果是两者并用。

第三，程序性知识和策略性知识之间的转化。策略是一种特殊的、技巧性的程序性知识。如学生在运用知识进行听、说、读、写过程中，都会有意或无意地使用一些技巧性策略，这种策略实际上就是一种关于如何有效交际的程序性知识。学生学习英语不仅要从陈述性知识（语言知识）向程序性知识（听、说、读、写）转化，也要学会从一般的程序性知识向策略性知识转化，以提高运用语言的效率。如在英语阅读中，学生针对不同的阅读目的和任务采取不同的阅读策略，为了了解文章大意进行浏览阅读，为捕捉具体信息而采用跳读策略，对生词也可实施多种猜词策略。一方面，教师要在学生掌握一定语言知识的基础上，逐步培养学生的阅读能力。通过大量的阅读练习，学生能获得阅读的策略性知识，从而实现程序性知识向策略性知识的转化。另一方面，教师可有意识地训练学生的这种策略意识，以提高学生运用语言（程序性知识）的能力和效率。

另外一种策略虽然不涉及学生的认知过程，却对学生学习起着自我管理和自我监控的作用，那就是元认知策略。它在一般意义上回答了如何更有效地学习和思维，对自己的学习过程进行调控。如明确自己的学习目标、制订学习计划以把握学习机会、反思经验与不足、总结有效的学习方法和进行自我评价，等等。

总之，策略性知识不仅可以帮助学生提高学习效率，让学生学得轻松、学得高效，还有利于学生进一步了解自己、管理自己，使学生最终成为具有较强自学能力的自主学习者。

综上所述，从现代心理学和心理语言学知识观的视角看英语课程与教学，不仅有利于识别英语课程、教科书、教学中不同的知识类型，还使教师认识到不同知识类型之间的连续性及其相互之间的转化，从而使教师更加辩证地看待英语教学中的知识、技能和能力之间的关系问题。

（三）默会知识和外语课程与教学

1. 默会知识论

（1）明确知识和默会知识

1958年，英国科学家和哲学家波兰尼在《人的研究》一书中明确区分了“明确知识”和“默会知识”：“人类有两种知识。通常所说的知识是用书面文字或地图、数学公式来表述的，这只是知识的一种形式。还有一种知识是不能系统表述的，如我们有关自己行为的某种知识。如果我们将前一种知识称为明确知识的话，那么我们就可以将后一种知识称为默会知识。”

明确知识是能够通过语言、文字或符号等方式表达出来的知识，其他类型的知识则为默会知识。默会知识是一种不能明言的知识，它“只能意会，不可言传”。人们在日常生活中都能感觉到它的存在。从数量上看，它甚至超过明确知识。相比默会知识，明确知识犹如冰山一角，而大量的默会知识则隐藏在冰山底部。

波兰尼不仅强调默会知识的存在，还强调默会知识的优先性。心灵的默会能力在人类认识的各个层次上都起着主导性的作用。任何通过语言和其他符号呈现的明确知识都依赖于默会知识的存在，都必须有默会知识的支撑，人类的认知过程本质上是默会的。无论是明确知识还是默会知识，都是物质世界和现实社会生活在人的意识观念中的反映。因此，在外语课程与教学中教师要关注明确知识，更要重视默会知识。

（2）默会知识具有个体性特征

默会知识还具有个体性特征。波兰尼的默会知识论强调认识和认识主体的不可分割性，反对“没有认识主体的认识论”，反对人的“淡出”。默会知识是一种个人知识。在明确知识学习过程中，对知识获得起作用的是默会知识。学习者接受明确知识的程度或结果取决于本人能否用自己的默会能力赋予名言、符号以意义，取决于本人能否充分发挥主观能动性和创造性，而且不同学习者凭借各自的默会知识，主观能动性和创造性对同样的知识会赋予不同的理解。很难想象，没有个体默会的“协同性因素”，这种理解会得以产生。

作为一种不能明言的知识，默会知识具有一系列与明确知识不同的特征，主要有五个：非逻辑性、非公共性、非批判性、情境性和文化性。

2. 默会知识论对英语课程与教学的启示

传统教育过于注重学习书本知识或明确知识，教学就是教师传递书本知识和发展技能、能力的过程。学校教育的一切如教育目的、内容、过程、方法、评价都围绕着课本知识进行。默会知识似乎不是真正意义上的“知识”，也不是有价值的知识。由于其获得的偶然性和随意性及不同于明确知识的传播途径，它不易为学校教育所重视和支持。默会知识在传统教育中没有合法地位，学校教育从根本上忽视默会知识的存在及其作用。波兰尼提出的默会知识论，为研究教育问题提供了一种新思维。他让人们认识到，学校教育中不仅存在着大量的明确知识，还存在着大量的默会知识。“从类型上看，既存在着教师的默会知识，也存在着学生的默会知识；既存在着有关具体的教学内容的默会知识，又存在着有关教授和学习行为的默会知识，还存在着有关师生交往和学生之间交往的默会知识；既存在着与语言知识学习有关的默会知识，又存在着与社会知识学习、自然知识学习等有关的默会知识；既存在着与教学过程有关的默会知识，又存在着与教学空间有关的默会知识，如此等等，不可计数。”默会知识论的价值不仅在于它区分了两种不同类型的知识，更在于它论证了人类认知过程的默会本质，由此拓展了人们对知识的复杂性的认识，从而改变了“知识只有以明确方式传递才是合理的”的看法。

如果说波兰尼从认识论的角度论证了默会知识，而心理学家则通过心理学实验和分析证实了内隐学习的存在。有关默会知识（隐性知识）的研究已经明确无疑地显示，人类可以在无意识努力的情况下学习知识，并且这种学习似乎大有潜力。这一研究结果激发了人们的想象，激励并挑战教育工作者将理论运用于学校教育的实践，其应用的前景十分广阔。

语言学习是一个反复实践的过程，仅靠明确知识的学习不足以达到运用语言进行人际交流的目的，学习者必须依赖默会知识理解明确知识，并且通过大量的语言实践发展默会认知的能力。从默会知识论角度看待英语教学，可得到如下启示：

（1）关注学生的默会知识，凸显学生个体的主体性

传统的教学只重视明确知识的传递过程，教师把自己定为知识“传递者”的角色，将学生视为“无知”的知识接受体，学生个体的默会知识完全被忽视。应该认识到，学习者来到课堂上不仅带来了眼睛、耳朵和嘴巴，还带来了各自的默会知识。他们身上存在着一系列影响个体学习知识的“个体协同性因素”，包括个体经验、情感、判断、评价、想象、直觉、理智、激情、信仰或者困惑、责任、良心等。尽管这些知识的存在是隐性的、不明确的或不完善的，但对于学习者的学习具有支撑作用。教师不仅要认识到这种默会知识的存在，还要发现和研究它们。

教师教学时必须将学生不能明言的默会知识纳入考虑范围。教科书呈现的一般都是明确知识，学生依赖自己的默会知识对教科书内容进行各自

独特的理解、阐释、综合和运用。默会知识具有个体性特征，学习者接受明确知识传授的结果取决于本人能否用自己的默会能力赋予明言符号以意义。学生是学习认知的主体，因此，教师在研究教科书内容、结构及教学方法的同时，必须考虑：学生已经掌握了哪些明确知识？学生在相应问题上可能存在哪些默会知识和默会的认识模式？学生由于生活背景、学习经验和文化背景的差异，其英语学习的默会知识和默会认识也有所不同，如何帮助学生显现默会知识和默会的认识模式，并对它们进行检验、反思、修正和利用？如教师在引导学生阅读篇章时，应对学生具备的知识有所估测。教师不仅要善于调动和利用学生的默会知识对文章中的知识、内容和结构进行理解，还要引导学生进行合理的猜测、推理和判断。当学生因文化背景不同导致其默会知识干扰了他们的正确理解时，教师也要给予一定的修正。总之，教师要善于挖掘和利用学生的默会知识，使深藏于冰山之下的默会知识对学习明确知识发挥积极的作用。

（2）提供大量“理解性输入”，促进语言学习和习得

克拉申曾经提出“输入假设”，认为学习者提供大量“理解性输入”有助于语言习得。他区分了语言“习得”和“学习”两个概念，认为习得是在非正规教学（自然环境）中无意识地获得语言能力的过程，而学习是在正式教学中有意识地学习语言规则的过程。尽管克拉申提出的学习是习得之果，而非习得之因，学习不能导致习得的观点过于片面，但在自然情境中无意识习得有助于在正式情境中的有意识学习。因此，自然的语言输入就显得十分重要。如果从默会知识论的角度来看，习得强调默会获得语言能力的过程，学习则是明确知识的接受过程，而且明确知识的接受也必须以默会知识为基础。克拉申十分强调语言输入（听和读）对语言习得的

重要性，承认语言学习有一个“沉默期”，当输入进行到一定程度的时候，学习者就可以自动地输出（表达）了。由此笔者认为，他相信学习者用默会的认识方式来习得语言的运用能力，而学习者学习语言知识（明确知识）也必须借助他们的默会知识。不难看出，语言习得说也十分同意并强调默会知识。

“理解性输入”是指稍超出学生现有水平的语言输入，克拉申曾用“i+1”加以说明：“i”指的是学习者目前的语言水平，“i+1”则是学习者按习得顺序紧随其后的阶段，即稍超出目前水平的阶段。学生凭借一定的情境和语境、超语言信息以及有关世界的知识使理解得以产生，从而使学生从“i”阶段过渡到“i+1”阶段。这种看起来自然的理解过程正说明了学生默会知识的存在和重要作用。因此，教师在课堂教学情境中应为学生提供足量自然的可理解性语言输入，让他们充分调用自己的默会知识，促进学生的内隐（默会）学习过程。默会知识本质上是一种理解力。因此，与传统的语言知识的灌输相比，让学生接受大量的语言输入以促进其默会学习的方式显得更为自动、自然，从某种意义上说也更为有效。

（3）为教学内容提供更多情境支持，提高学生的理解力

无论在语言习得前阶段，还是在明言表述阶段，默会知识都具有极大的影响作用。儿童以惊人的速度习得母语来实现人际交流与应对外部信息和事件，这可归结于儿童默会的力量。当学习者在母语环境中学习外语或第二语言时，由于缺乏足够的默会知识的支持，他们也就不能像运用母语那样自如地运用外语。

默会知识的作用启示人们，即使学生在语言学习初期，也不必先进行明确的语法知识教学，而应当通过提供适当的语言情境，促使学生运用默

会的方式学习语言技能和习得语言运用能力。情境以整体的方式作用于人，人通过对情境的直觉把握和领悟，从而理解语言、运用语言。教科书中的知识多为明确知识，而明确知识的讲授必须根植于学生默会的理解之中。由于默会知识具有情境依附性特征，教师必须针对教科书内容设置丰富多样的情境，让情境自动地唤醒默会知识，促使学习者默会地理解语言和语言运用的规则，为教学内容提供情境支持的本质目的是提高学生的理解和运用能力。

同时应认识到，无论承认与否，默会知识在教育教学活动中自发地产生影响。它对明确知识的影响既可能是正面的，也可能是负面的。我国学生学习英语的最终目的是能进行跨文化交际和沟通思想情感。而跨文化交际的障碍不仅来源于显性的社会规则，也来源于隐性的社会规则。人们的交际行为都受到那些根植于社会文化传统潜规则的支配。因此，教师设置情境也要考虑到默会的社会、人文知识体系，使学生的默会知识体系得到检查、修正或应用，克服其对教学过程的消极影响。

（4）重新看待英语学习过程中活动和语感的价值

在我国，英语是作为一门外语来进行教学的。当发现有的学习者十分熟练地运用英语，他能自如地运用却又不知道为何能够如此运用时，习惯上称他具有良好的“语感”。语感究竟为何物？其实，我们可将语感视为对语言的默会认知能力，是对语言的直觉把握和领悟。那么，学习者如何获得这种默会能力呢？

明确知识一般是通过正规的教育教学传播，为人共享，而默会知识的获得则主要通过经验来获得，即实践途径。这是波兰尼及其他研究者的共识。因此，教师不能忽视默会知识的存在。教育教学既要强调实践能促进明确知识，又要重视默会知识对明确知识的推动作用。英语教学也是如此，既要加强教科书中的练习或课堂中的语言活动、操练语言技能，巩固语言知识，也应重视默会知识对理解和交际运用英语能力的促进作用。如今英语教学界比以往任何时候都重视活动或语感，但除了巩固语言知识、操练语言技能、交际运用语言能力以外，很少有人想到它有别的价值，这都是明确知识观在起作用。从默会知识的角度来看，活动或语感不仅能唤起学习者已有的默会知识和默会认知模式，帮助他们完成任务，还能通过人与人的交流和互动，检查、显现和修正各自的默会知识和默会认知模式。更为重要的是，活动过程中生成和发展了除明确知识以外的默会知识，激发学生的内隐学习过程。这一过程实际上也是形成语感的过程。不但如此，这种默会的认知过程已经超出了语言学习的“语感”范畴，还拓展到与问题情境相关的默会认知模式以及情感、态度、信念和价值观念等。

第二节　高校英语教学改革历程与现状

一、中国现当代高校英语课程的演进

现代英语教学大体分为四个阶段：第一阶段是 1949 年至 1985 年的起步与摸索阶段，这一阶段的主要特点是高校英语教学的教科书、教学方法、教学要求等内容均尚不明确；第二阶段是 1985 年至 1999 年的规范与发展阶段，这一阶段的主要特点是高校英语教学走向规范、秩序发展，制定并实施了全国统一的教学大纲，编写了高质量的教科书，探索了新的教学方法；第三阶段是 1999 年至 2002 年的调整与改革阶段，这一阶段的主要特点是高校英语教学为了适应学生日益提高的英语水平和社会需求，探索新

的教学目标、教学任务；第四阶段是2002年至今的提高与深化阶段，这一阶段的主要特点是高校英语教学走向多元化、自主化的发展模式。

下面我们就每个阶段进行详细的介绍与总结，以展示中国现当代高校英语教学的发展过程。

（一）高校英语教学的起源与探索阶段

1949年中华人民共和国成立后，我国高等外语教学主要工作重心在俄语教学上。到1952年院系调整时，全国仅剩北京大学、南京大学、复旦大学、武汉大学等8所院校开设英语系。到1956年制订第二个五年规划时，高中英语课教学面扩大、高等院校（特别是综合院校和师范院校）英语专业陆续恢复和增设，高校英语教学秩序也得到恢复。同年，上海交通大学凌渭民教授编写的供理工科学生使用的英语教科书《英语》也获得出版。

1978年后，英语受到了越来越多的重视，高校英语教学工作走上正轨，并于1980年制定了第一个统一的高等院校教学大纲——《高等学校理工科公共英语教学大纲》。自此，我国的高校英语教学进入了一个有文件指导和约束的稳步发展时期。

（二）高校英语教学的规范与发展阶段

统一的教学大纲（特别是1986年颁布的《高校英语教学文理科大纲》）公布以后，我国高校英语教学有了明确的奋斗目标，开始走上了有纲可依的规范化发展道路。以教学大纲为依据，陆续出现了《高校英语》（文理科本科用）（1986年上海外语教育出版社出版）、《新英语教程》（1987年清华大学出版社出版）、《大学核心英语》（1987年高等教育出版社出版）等符合我国英语教学实际的教科书，并在实践中不断改编、修订，逐步受到了国内高校教师及学生的青睐，成为我国此阶段英语发展的主要教科书。

为了检测高等院校学生对英语基本技能的掌握情况，全国高校英语考试（College English Test，后简称 CET）于 1987 年开始实施。该考试分为两个等级，达到一般要求的为四级（CET4），达到较高要求的为六级（CET6）。作为一种大规模、标准化测试，CET 不仅是对我国高校英语教学成果的一种检验，更对我国高校英语教学具有指导作用。通过标准化测试，教师不仅可以发现院校之间、院系之间、学生之间的不同情形，从而分类指导，还可以发现学生对英语的掌握情况，以便为英语教学与大纲的制定提供参考。事实证明，高校英语四、六级考试不仅对高校英语教学有着深远影响，在社会上也很受重视，被用人单位作为衡量大学毕业生素质的一个主要指标，得到了社会的普遍认同。从这些方面来说，高校英语四、六级考试的设立是非常成功的。受教学秩序的稳定、师资水平的稳步提高和英语教学的稳定发展等因素的影响，高等学校新生的英语水平较 1985 年和 1986 年教学大纲制定初期有了明显提高，而后社会对大学毕业生英语能力的需求也有了较大提高。

（三）高校英语教学的调整与改革阶段

随着高校英语教学的发展，原有的教学大纲已不适合时代发展的需求。一方面，随着教学秩序的恢复、教学制度的完善、教育环境的稳定，我国小学、初中和高中的教育都获得了较大发展，英语更是获得了前所未有的重视，部分发达地区和大城市甚至从幼儿园或小学三年级开设英语课（蔡基刚，2005），社会办学的英语辅导班、兴趣班也迅速发展，其结果之一便是大学新生的英语水平较以往有很大提升，原有的教学大纲已不再适合新入学的大学本科生。另一方面，随着改革开放的深入和我国加入世界贸易组织，社会上对外语人才的需求急速增长，对应届大学毕业生的外语应用能力也提出了更高的要求，原有教学大纲已远远落后于时代需求。

鉴于此，在广泛的、多层次的社会需求调查的基础上，吸取了专家、学者、一线教师的意见后，于 1999 年制定了统一的《高校英语教学大纲》（修订本），这是“教学大纲的一大进步”。1999 年颁布的修订本教学大纲强调学生的交际能力，并在继续强调阅读能力的同时，注重听、说、读、写、译的全面发展。在修订本教学大纲的指导下，一批内容全新的、理念先进的、体系完整的教科书逐步出版发行，这些教科书内容新颖、设计合理、时代感强、配套练习详尽，并配有多媒体课件及自学辅导书，受到了高校英语教师和学生的广泛好评。

与此同时，为了适应时代需求，高校英语四、六级考试自 1999 年 5 月起开始加入口语测试，以期全面提高学生的英语运用能力。口语考试的推行，使四、六级考试进入一个相对完善的新阶段；四、六级考试可以对学生的听、说、读、写、译等各项技能进行全面的鉴定，这在很大程度上推动了高校英语教学改革的进行。

需要指出的是，1999 年制定的针对全体非英语专业本科生的《高校英语教学大纲》（修订本），虽然认识到了听、说、写的重要性，但仍将阅读放在英语教学的第一位，“只看到了被动输入，没有看到主动输出的巨大作用”。陈国华甚至指出：“长期以来，我国的英语教育费时低效，一个重要原因就是重阅读而轻其他。”他还认为这是大纲落后于时代的“一个主要表现”。而且，这份教学大纲“受应试教学的影响，忽视听、说能力的培养，即使安排听、说课也是以备考为目的的听力训练，结果养成学生打勾画线、猜答案的思维习惯，这极不利于培养真实环境下的口头交际能力”。

这也就是为什么在新大纲颁布后的第三个年头（2002），教育部就果断决定启动新一轮高校英语教学改革。

（四）高校英语教学的提高与深化阶段

在新媒体时代背景下，仅仅按照传统的教学方式教学已经不能适应当前的教育，因此，高校教师应充分重视对英语教学的改革与创新，充分利用新媒体的特性来有效弥补传统教学方式的不足。在实际的英语教学过程中，教师应该结合学生的实际情况制定有效的教学策略，注重教学手段以及教学内容的创新，全面提高学生的英语学习兴趣。通过利用新媒体技术手段，在原始教学模式的基础上进行创新，教师可以借助多媒体来为学生创造有利的教学情景，促使学生更好地融入教学环节中，提高英语课堂教学的效率。除此之外，教师利用多媒体进行教学，可以全方位地拓展学生的思维，并提供给学生更多独立思考的机会，通过开展小组讨论活动，加强学生之间的互动与交流，同时为学生创造良好的学习环境，使他们能够充分体会到新媒体教学带来的乐趣，将注意力转移到英语学习中去。

英语是高校新生所必修的一门课程，尤其是针对英语专业的学生而言，英语学习水平直接关乎其日后的就业。因此，高校领导以及教师应该全面加强对英语教学的重视，如何才能更好地激发学生学习英语的积极性是高校英语教师共同面临的问题之一，新媒体的出现为解决这一问题提供了有利的条件。在新生刚进入大学校园时，高校可以充分借助新媒体工具来宣传英语在整个大学教学中的重要性，引导学生形成正确的英语学习观念，让大学生能够清楚地了解到英语学习的益处。新媒体背景下高校在开展英语课程时，应充分利用多媒体工具进行特色网络课件的研发，并利用移动互联网来加强与学生之间的互动，在研发的过程中，教师可以鼓励学生积极踊跃地参与其中，并提出自己的意见。这样有利于激发学生对英语学习的兴趣，提高学生主动参与的积极性。在课下，教师还可以组织各种各样的英语竞赛活动，并利用网络平台进行投票，通过这种方式来提高学生的参与度，同时还能够促进英语教学的有效推广。

以往，高校英语教学中所用到的教学方式向来都是传统的灌输式教学，整个课堂教学基本上都是教师在台上讲解，整个教学过程过于机械化，缺乏趣味性，从而导致学生逐渐失去对英语的学习兴趣，而且这种方式并不能够实现教师与学生之间以及学生与学生之间的有效沟通，使英语教学效果不理想。但是，自新媒体时代到来后，新媒体已经逐渐成为高校教学中的重要教学工具，进一步拓宽了学生获取知识的渠道，极大程度地丰富了英语学习内容。在新媒体时代背景下，教师应该及时转变自身的教学观念，英语教学的改革与创新需要重视实践教学环节。对此，高校可以采用主动式实训教学方式进行教学，这种方式更加侧重实践教学环节，有效弥补了传统教学中重理论轻实践的问题。开展主动式实训教学不但有利于实现理论教学与实践教学的有效衔接，同时还有利于增强学生的综合运用能力，充分发挥出英语学习的效用，这对提高当前的英语教学质量起到一定的促进作用。

二、高校英语教学改革中存在的问题

（一）实施教学存在误区

具体而言，现行高校英语教学有忽视培养学生读、写能力的倾向。新一轮教学改革为广大英语教师提供了多媒体、网络等教学形式，教学大纲也着重发展学生的听、说能力，因此，部分高校英语教师在英语教学过程中有弱化学生读、写能力培养的倾向。正如王守仁所指出的那样："高校英语的教学对象是非英语专业学生，无论是在校学习还是毕业后在工作岗位上，大部分人接触英语的主要方式是阅读。为了适应信息社会的发展需要，同时为交际打下扎实的基础，应增加英语语言知识的输入，逐步加大学生的阅读量，拓展阅读的广度和深度。"因此，强调培养学生的听、说能力，并不意味着弱化读、写能力的培养。此外，新一轮高校英语教学改革的另一误区与语法能力的培养有关。

由于受交际教学法的影响，部分高校英语教师认为"语言教学的目的在于交际，学生只要能够达意，语言教学的任务也就完成了，对语言的准确性没有较高的要求"。而事实证明，语言的准确性和流利性是同等重要的，在培养学生交际能力的同时，应该采取交际—语法教学法。再次，现行高校英语教学改革也存在过度依赖多媒体、网络等先进技术的趋势。毋庸置疑，多媒体、网络等现代教育技术为高校英语教学提供了样式新颖、材料多样、内容全面的教学手段，并已经在大学外语教学中取得了明显的效果，对高校英语教学改革和人才培养做出了积极的贡献。但教师仍需要发挥课堂教学在外语学习中的作用，切忌多媒体教学新模式一哄而上。

（二）教学过程呈机械化倾向

所谓机械化训练的倾向，主要是指用机械训练代替教学中应实现的丰富的教学任务。其主要表现在三个方面。

1. 英语教学过程不重视主动学习

传统教育观视教学过程为教师单向传授知识的过程。如今，教学过程是教与学统一的过程，这个情况已经众所周知。这是因为人们逐渐认识到教学具有教师向学生传递教学内容，并使学生掌握的本质特征。但是，这个过程并不是传统所理解的将知识直接灌输给学生，学生直接拿来就可以。学生必须积极主动地学习，独立思考、独立研究，真正地学会独立学习。当然，这并不意味着教师在教学中处于被动应答的地位。教学过程既不仅仅是教授的过程，也不仅仅是学习的过程，它是教师与学生交互作用的统一过程。教与学的关系是相互缠绕、彼此依赖、相互构成的关系。

但在实践中，我们经常可以发现两种状况：

第一种状况是教师在课堂上常常将英语知识以词、句、篇的方式简单直接呈现给学生。部分有兴趣的学生能够记忆式地接受教师给予的知识，进行记忆式学习，积累一定的语言点，教与学的过程在浅层次上进行，缺乏深层次的思索与对话。而无兴趣的学生并未受到教学活动的激发，也就未真正发生学习行为。这种状况的课堂教学活动只是局部性教学活动。

第二种状况是教师很注重学生口语能力的提升。35 ~ 40 分钟的课堂教学中，教师从一开始便设定一个个问题，让学生口头交流回答，自己基本不做指导。表面上看这样的课堂活跃了，学生敢于开口了，深究下去便会发现学生的英语交流只是原有英语口语能力的简单输出，只是其之前学习状态的呈现，教师并未在学生语言输出的基础上，给予一定量的语言输入去丰富学生的英语知识，增强学生的英语能力。那么，这样的学习并不是真正意义上的英语学习，只不过是英语口语技能的熟练化而已。这两种情况的共同特征是学生并未或不可能成为主动学习者。

2. 英语教学活动中教育意义的欠缺

英语教学的中心目标是丰富学生的英语语言知识和形成英语技能，使学生具备参与英语活动所需要的知识、技能和能力。但是，英语教学过程中不只有此一项任务，它同时是教育过程。在英语教学传授了该学科知识与技能的同时，应该使学生增长该学科特有的见识和对世界对社会的基本判断力，并对人生形成基本价值观和态度。这些是学科教学中共有的教育性目标，英语教学也不例外。英语教学中教育性目标的达成并不是附着于英语知识与技能的教学或引申出来的，而是在教学活动开展的过程中孕育、渗透和养成的。也就是说，学生在教学中采用什么方式进行学习将会深深地影响他们的态度与性格。如果学生只是被动地接受教师所给予的东西，或是机械地模仿、死背教师灌输的东西，往往会养成盲从及屈从的态度与性格。与此相反，唤起学生积极的探究精神，引导他们逐步依靠自己的力量来解决学习课题、发现知识，就会养成学生独立地、创造性地、友善地实现目标的态度与性格，形成锲而不舍的顽强意志与人格。

当前英语教学中认知性目标与教育性目标的分离状态很普遍，其中一种情况是无视教育性目标，唯以英语知识和技能为目标，让学生在模仿中学习，在重复性操练中熟练化，认为只要学生掌握了相关英语知识与技能，考试成绩好便可以了。令教师很苦恼的是，在课堂教学中如果对学生进行思想品德教育，教学进度就会落后，自己的教学目标就无法完成。这类教师大多认为，教学中的教育就是利用课堂教学时间讲一些思想品德教育或结合形势的道理。

无论是删除还是添加教育性目标的做法，都不是真正意义上的教学中的教育。它所传授的学科内容及内在的教育价值的开发融于学习活动本身，才会产生教育的效果，这才是教学中的教育。

3. 语言知识掌握过程中弱化理解与思维

在英语教学中，英语知识的掌握是发展听、说、读、写的英语技能和形成文化意识的基本前提，因而受到教师的充分重视。但是，在什么意义上把握知识的概念，许多教师并不清楚。所谓英语知识不仅包含相关的事实与现象，还包含英语的特质、相互间的关系和语言规则。因此，教师在教授英语知识时就不能将之仅作为信息来掌握，还要使学生能够在语言关系和规则的意义上进行把握，并将其转化为自身的理解与能力，能够在生活中灵活运用。如此就要求英语知识的教学与学生认知过程达成统一。当然，由于对学习英语的学生而言，英语知识具有间接性和人为性，学生在掌握的过程中就不可能像学习自然科学知识那样要经过科学探究的过程，而是要在英语材料的归纳与发现中，通过比较、分析、抽象和综合形成对英语知识的深层次把握。在英语教学中，学习知识过程与学生认识过程是统一的，这要求学生能够主动地学习，尤其是思维的真正激活。

目前，提倡学生在英语学习中提高主动性已成共识，课堂教学也有了诸多变革，比如在英语课上注意结合生活情境，并给予一些开放性的问题让学生回答，或是给学生提供开展小组活动的时间与空间。这些都反映了教师在教学中努力把书本知识与现实生活相联系，尽可能地让学生主动参与学习活动的改革意识，这无疑是一种变化。但是，这些努力只是激发学生主动参与知识形成过程的第一步，而对于如何在激活学生思维的过程中让学生体验发现的喜悦，让学生相互间在思维与经验的碰撞中形成新经验与新认识，往往关注不够。

（三）研究视角存在局限性

英语教学如何结合学生英语学习的特点与潜能设定教学目标？如何结合学生英语学习的困难进行有效的转化？如何认识与把握不同年级学生学习任务与能力间的相关性，以便更有效地使英语教学真正成为学生主动、健康成长的育人资源？凡此种种，不逐一列举。

就整体与部分的关系而言，教师需要贴近生命成长的状态进行思考与实践，既要从生命成长过程整体审视某一年龄段学生的成长使命，也要从生命成长中整体审视某一学科教学对其特殊的价值与意义，更要从生命与教育实践真实的动态关系整体把脉教学的起点与最近发展区。

第三节　高校英语教学的发展趋势

一个人所处的社会环境状况，将影响他的思考和行为方式。个人如何对这些影响做出反应，或者说哪一种影响的效果最大，通常难以预料，但无法否认的是语言和交际是人类经验的核心。

一、发展背景下定位英语教学的时代使命

（一）英语教学的时代使命

对当前我国时代发展与社会转型特征而言，可能再长的罗列也未必能够穷尽，但有两个特征明显成为当代或未来较长时段内社会中的重要因素。这两个特征可概括为：全球化与多元化。

1. 全球化

由于科技发展，人际空间距离逐渐缩小，密度加大；经济活动逐渐突破国界而走向“地球村”。21 世纪的社会是一个交流范围不断扩大的社会，有些学者称这种社会为融合型的国际社会。而融合人的黏合剂则是外语教学。我国外语教学在 21 世纪的使命之一便是促进各国间的友好合作，既是为了弘扬中华优秀的传统文化，也是为了通过外语学习更好地了解外国文化，丰富我们自身。

2. 多元化

当今社会是一个多元文化并存的社会，传统文化与现代文化、中国文化与异域文化、主流文化与非主流文化竞相对学生的发展产生影响。为此，教育应当培养学生掌握不同的语言、了解不同的文化，以具备在当代和未来多元社会中生存的能力。在学校课程中，能够承担这一教育使命的首先就是外语教学。学生应当在学习外语的过程中了解目标语文化并形成语言交际的能力。

由雅克·德洛尔任主席的国际21世纪教育委员会向联合国教科文组织提交的报告《教育——财富蕴藏其中》中，在回顾人类联合生活的冲突状况后指出，21世纪的教育在解决人类冲突方面的使命就是“教学生懂得人类的多样性，同时还要教他们认识地球上的所有人之间具有相似性，又是相互依存的。因此，从幼儿开始，学校就应抓住各种机会来进行这一双重教育。某些学科特别适合进行这种教育：从基础教育开始教授人文地理，晚些时候教授外语和外国文学”。

多元文化问题不再只是理论命题，更是一个现实问题。当前，我国高校英语教学承担起培养学生的多元文化生存素养的时代使命。增强学生适应多元文化为背景的社会交际能力是时代的要求。英语课程改革必须关注并培养学生适应现代社会所要求的英语能力，为学生提供丰富的语言交际的机会，帮助他们掌握恰当的交际方式，促进思维发展，为他们进一步认识世界、适应社会打下良好的基础。

（二）英语教学的文化使命

一直以来，外语教学的关注重点一般是学生对外语的语言形式的学习，而较少关注语言内容的价值，从而将语言形式与语言文化内容割裂开来。

尤其在语法大纲主导的年代，许多教师严格按照语法大纲所组织的教科书进行教学，很少注意开发外语教学内容对于学生的养成性价值。比如听说法强调听与说，倡导通过刺激—反应、对话记忆、语法训练和口语技能等方面的学习。学生说外语其实只是重复教师的语言、背诵对话或进行各类机械训练。学习者也很少处在意义化的、情境性的语言输入环境中学习，没有将记忆性材料转化为自然语境中交际的机会。20 世纪 60 年代，外语教学界倡导认知法，开始关注促进较有意义的语言运用与创造，但这种方法关注较多的是语法机械训练，学生仍然很少有时间在真实的语境中运用外语。

20 世纪 70 年代，外语教学界掀起了交际语言教学法，开始关注学生的学习需要和交际的性质。

这一外语教学法很快风靡世界很多国家，逐步改变外语教学观，人们意识到外语不仅是一门语言学科，还是一门关于文化的学科，通过这门学科的教学应有效增加学生的文化知识，扩大学生的视野，重新将语言内容的学习放置到外语教学中。比如，美国在 1996 年的《外语学习课程标准》中指出了外语语言文化学习的文化价值在于：它可以使人们与不同文化背景的人们进行有效沟通；学生能够走出自己文化的域限，扩大眼界；可培养学生认识自身语言和文化的洞察力；可促使学生能够更好地在对比中认清自己，理解其他文化中的人们，以及彼此间的紧密联系。目前，我国也正处于多元文化的社会背景之下，培养学生健康、正确的文化意识与观念便成为当前各门学科教学不可回避的共同任务，英语学习作为学生了解世界文化的重要途径更具独特价值。

（三）英语教学的育人使命

英语教学变革最终要落实到人的发展价值。目前，人们越来越深刻地认识到语言对人的精神发展的价值。其中，语言与思维的关系更是一直被关注的重心。

著名语言学家洪堡特指出："每一种语言都包含一种独特的世界观……每一种语言都在它所隶属的民族周围设下一道藩篱，一个人只有跨越另一种语言的藩篱进入内部，才有可能摆脱母语藩篱的约束。"因此，学习一门外语不仅是掌握一种工具，学习一项技能，更是接触和了解一种思维方式与思维习惯。具体地说，英语语言重逻辑形式思维的偏向，是一种典型的表音语言，明显不同于汉语这种表意语言。这就使得英语学习中的形合手段远远多于汉语，并使其语法呈现出显著的显性和刚性特征。显性首先表现在词类的标志上，相当多的单词从词形上就能够判断其词义，如有 -ment、-ity、-ation、-er、-or、-ness 后缀的一般是名词，有 -ful、-al、-ive 后缀的一般是形容词，有 -en、-ify、-ize 后缀的一般是动词，有 -ly 后缀的一般是副词等。显性还表现在名词有数和格的变化，代词有性、数、格、人称的变化等。英语语法的刚性表现在"该有的一个也不能少"。也就是说，形态上要求的，一般必须遵守；形式上要求有的东西，通常也不能少，特别是虚词。这些思维方式上的不同，一方面使英语学习能够丰富学生的思维方式，另一方面要求英语教学能够注意引导学生掌握英语规则，也有助于学生思维水平的提升和英语学习效率的提高。

英语课程在培养学生素质方面的任务也日益受到我国的重视。比如我国《英语课程标准》指出："英语教学应该与其他学科教育共同努力，促进学生素质的全面发展，提高学生的人文素养，增强实践能力和创新能力。"

当前高校英语教学所致力于回答的核心问题之一，就是将育人价值落实到不同年级、具体英语教学内容以及不同教学任务之中。

二、当代英语教学的育人价值

随着英语教学改革的发展，我国对英语教学目标及育人价值的认识一步步走向完善，并逐渐与国际接轨：从单纯地关注语言知识的学习，到语言知识与语言技能并重，最后到关注语言的技能掌握及语言综合素养对学生的发展价值。随着21世纪我国新课改的推进，英语课程改革也与整个课程的基本精神保持一致，站在学生发展的视野，突破了语言观对英语教学的影响。所有这些，都是我国英语界近二三十年来的巨大进步，在此基础上，结合实践探索，形成了当代英语教学的育人价值观。

（一）语言知识的教学价值

在以往语法大纲为主导的思路下，语言知识通常被理解为语音、词汇、语法等内容，但随着英语功能型大纲的推行，语言知识通常被理解为包括语音、词汇、语法、功能和话题等内容，尤其是功能和话题的加入，使得英语知识的社会性语言功能和意义功能得到重视。然而，过于突出话题和功能的意义，淡化或弱化了英语学习中语音规则、词汇规则和语法规则的价值。当代高校英语教学一方面认同语言知识的内涵应包括功能与话题，但认为对中国学生学习英语这门外语而言，引导学生注重发现英语语音、词汇和语法规则的特点，对于学生高效、规范地学习英语的价值同样不可忽视。

具体来说，笔者认为语言知识教学的育人价值体现在以下几点。

首先，重视学生主动构建知识、发现知识规律的过程。为此，凡是学生能够做到的，教师都不要插手，教师的作用是创设一定的环境，引导学生发现语言的内在规律，创造性地学习与运用。教学要具有挑战性，否则难以激起学生的学习兴趣。

其次，注重课堂教学中主要话题贯通全过程，语言内容与语言形式在教学推进中的统一，实现英语教学过程的意义化与言语化的内在统一，避免传统上只顾语言形式的机械学习而忽视语言意义，或是只注重语言内容而忽视语言形式，从而使英语教学上形成自然常识课或思想品德课的弊端。

再次，知识教学过程遵循理解、记忆和运用语言规律的顺序，呈现多次、递进、螺旋式上升的教学过程，使学生认知水平的发展体现出相应的层次性、逻辑性和递进性。

最后，提倡发现式学习，在开放性教学过程中，激发学生在主动探索中发现和掌握英语的语言规则，并能举一反三地在生活中运用。

（二）语言技能的教学价值

听、说、读、写对于中国学生言语技能的培养具有同等重要的价值，不应该忽视甚至简单抛弃读与写对于中国学生掌握英语的重要作用。因为中国学生接触汉字往往比英语早，而中国学生掌握汉字往往习惯于首先从字形上进行视觉理解与记忆；如果教学只强调通过听、说进行音形理解与记忆，那么，非但不能发挥学生原有的学习原型优势，还不符合中国儿童的记忆策略，学习效果会大大降低。

基于这种认识，当代高校英语教学改革观念具体理解如下："听"与"读"是接受性学习，但未必是被动式学习；"说"与"写"是输出性学习，也未必是主动式学习。这取决于学生在学习过程中的状态。

1. 听的教学

强调学生在教学过程中从多个层面把握语言材料：听懂关键词，掌握主要内容与情节，抓住中心思想。目的是培养学生在听的过程中形成根据上下文猜测具体语言意义、捕捉关键信息的能力，以及根据情节整体推论语言思想的能力。

2. 说的教学

注重学生能够根据所学词汇、句型、语法和文章内容规范灵活地表达意义，以实现语言学习输入与输出的双向结合。

3. 读的教学

读包括朗读与默读，精读与泛读，读词、读句与读篇等，不同读的类型任务也会不同。教师在阅读课教学中关注的是学生能够学会通过查词典自主掌握文章中的生僻字词汇，或是根据上下文猜测词义，或是能够寻找主题句，形成快速掌握文章大意和中心思想的能力等。

4. 写的教学

不是为写而写，而是强调学生通过“写”掌握拼写、标点符号与大小写等基本写作知识；运用已学词汇与词组，培养逻辑思维，学会用英语组织段落与表达主题的能力。

（三）学习能力的养成价值

在英语教学改革中，教师在培养学生掌握英语知识和技能的同时，还强调培养学生的英语学习能力。知识是能力的基础，能力是知识的运用与进一步发展的基础。两者既在学生成长中有不同的价值，又相辅相成。

在能力培养方面，许多人受交际法的影响，认为主要是培养学生外语交际能力。笔者以为这种认识仍停留在将语言作为交际工具的认识层面，而从学生作为一个终身的、整体的、主动发展的人的角度看，学生的思维能力、自主学习能力以及合作学习的能力更具有根本性。

1. 培养学生思维能力，尤其是创造性思维能力

这是当代高校英语课堂教学价值追求的特色。在英语教学中让学生主动健康地发展，关键在于能否激活学生的思维。笔者从观察、分析与实践中深切感受到，在英语教学中忽视发展学生思维能力的现象普遍存在，但却未能引起学校领导和广大师生的注意。它表现在英语课堂教学中学生大量的学习活动是模仿、记忆和机械操练，较少注重提倡学生主动、积极的思维能力和提问能力的培养，甚至当学生在语言练习中根据已学知识灵活使用一个确切的同义词时，教师也不会给予肯定，而是要求学生改用教师规定的词汇表达意义；教学过程中只强调将语言点在规定的课时内教完，较少让学生思考如何总结学习和使用英语的规律，探索与创造适合学生自己的学习策略和方法。在改革教学方法时，有的教师为了活跃课堂气氛而采用一些外在刺激如奖品等方式取悦学生，未能真正激活和发展学生的思维。有些教师通过关注教学过程的逻辑性和层次性着力培养学生思维能力，这向培养学生的创造性思维迈出了第一步，逻辑思维是基础性的思维，然而批判性思维和创造性思维是具有原创性的思维能力，也是变革时代要求新人具备的重要思维能力。因此，如何在英语教学中培养学生的创造性思维能力成为“新基础教育”英语教学的主要价值追求之一。

有些人认为在英语教学中培养学生的创造性思维是不可能的，他们以为所谓创造性思维就是指要学生创造英语本身，这自然是不可能的。所谓“创造性思维能力的培养”，主要是指在教学过程中创造一定的教学条件，激发学生在学习过程中进行联想、想象或猜想，进行创造性学习，而这些

方面正是学生创造性思维发展的具体展开过程。比如在英语教学的导入环节，教师一般先出示一个带有想象空间的图画或给出一个开放性的问题，目标就是激活学生的想象思维和已学知识；在教学进行过程中，教师就即将开展的下一个教学环节的话题，事先以问题的形式提出来，让学生充分展开讨论，对教学话题的随后情节进行大胆的发散性猜测。这样，学生努力调动主动词汇进行表达练习，又使创造性思维能力在不知不觉中得到了培养与提升，同时还让学生之间因不同答案而相互启发，带动了生生互动。

当然，主张在英语课堂教学中培养学生的思维能力，并不是将之与英语学习中的模仿和机械操练完全地对立起来。模仿和机械操练是必要的，对于激发学生兴趣和活跃课堂气氛也是必不可少的，但如果不鼓励学生多思考和自己探索英语学习规律与策略，不从发展学生思维能力的深度考虑学生的兴趣和课堂氛围，学生就会变成只会回答教师提问的“机器人”，语言操练将不能达到既定的教学目标，学生对外语学习的兴趣也不会持久。

2. 培养学生在理解学习策略基础上的自主学习能力

目前，全国课程标准中没有专门将自主学习能力提出来作为培养目标，只是将学习策略列为英语教学的培养目标之一，并列出了学习策略四个方面的内涵：认知策略、调控策略、交际策略和资源策略。每种策略又有不同的内涵。交际策略一般是指学生在英语交际活动中，知道什么时候开始谈话、什么时候结束谈话及如何结束谈话等，强调的是人际交往方面的策略，而非英语语言使用上的策略，这并非英语学科所特有或突出的价值。再如课标中提到的“认知策略”也比较空泛，较难落实。实际上，学习策略只是学生学习的方法，是自主学习能力的基础和组成部分；但自主学习能力并不仅仅是策略，主要指能够独立自学、主动规划学习方式、实施自我监控，并能够借助工具书和相关学习资料进行英语学习的能力。

3. 培养学生合作学习的精神和能力

在开放、互动、生成的课堂教学中，英语教学离不开学生之间的两两合作、小组学习和全班互动交流的学习方式。但学生在两两合作、小组学习和全班互动交流中进行互动的能力并非自发形成的，它需要在教师有意识的指导下逐步形成；否则，课堂教学互动就可能流于形式，真正有效的、全体的和高质的教学效果就难以实现。所以，仅将合作学习理解为一种精神，尚不充分，还需要从能力意义上进行培养，这也是英语教学中大量语言练习交流所特有的价值。

当然，课堂上有了两两合作、小组合作的学习活动并不能保证学生合作学习的能力，因为学生有时在相处不融洽的小组内合作学习还不如独立学习。真正意义上的合作学习是指学生能够注意同班同学的言行，从中学习并随时准备向合作伙伴提供帮助，共同思考；与邻座的同学交谈和交换想法、参与辩论、提出建议和问题；与伙伴共同完成任务，需要帮助时会找合作伙伴；允许每名学生为小组代言，互相合作，为内在和外在的收获而努力。对此，美国的约翰兄弟从事过大量有说服力的研究，认为实质意义上的合作学习应当包括四个方面：一是积极依赖能力，这是合作学习中最为重要的概念。二是承担个体责任的能力，这意味着每名参与者都对小组的学习和成功负有责任，而小组学习成功与否，取决于每个成员是否努力。三是积极互动的能力。四是平等参与的能力。由此可见，这些能力并非自然形成的。

（四）文化视野的丰富价值

从一定的意义上讲，语言是形式，文化是内容，两者不可分离。学习英语不能脱离英语文化，了解英语文化是准确而得体地使用英语的基础。学习英语，不但要比较英汉两种语言，还要比较两种语言所扎根的文化。丰富学生的文化视野，让学生了解英语国家的社会文化知识，为培养跨文化的交际能力打下了基础。

高校英语教学改革不再把英语国家的社会文化知识仅作为背景，而是明确将学习英语国家的社会文化知识作为育人价值彰显出来。为此，教师往往采用两种方式：一是渗透方式，将英语国家的社会文化知识融合于教学之中；二是以主题文化课的方式，在扩大学生的文化知识面的同时，培养学生平等的文化意识。

（五）学习品质的培养价值

在我国，英语作为一门外语，不像学习母语汉语时有一个语言环境可让学生浸染于其中，不知不觉地习得语言。除了课堂教学的有限时间外，英语学习尚需要学生充分根据自己在课堂中的理解水平和形成的能力，在课外展开自主学习。而这就需要学生具有一定的意志力和坚持不懈的毅力。

此外，高校英语教学改革提倡从学生发展状态出发，激活学生的思维和兴趣；从学生生活出发，贴近学生，使学生在学习的过程中不但有兴趣、有话可说、有内容可表达，形成积极的学习动力，也能够积极地进行创造性学习。这些有关学习的意志、毅力、兴趣、自信心、勇于实践和创造性学习的品质，似乎很抽象，在学生的英语学习中却是至关重要的因素。

总体而言，高校英语教学改革的育人价值最终指向学生整体素养的主动、健康成长，是在超越量的意义之外，更强调质的意义。学生通过英语学习成为一个能够掌握自己命运、自主发展、学会合作的全方位发展的人。

第二章　高校英语教学理论

第一节　高校英语教学的理论基础

在语言的研究史上，对语言本质的讨论从未间断，并且正在有更多的专家和学者对语言本质进行深入的认识和探讨。本节主要对与英语教学相关的语言本质理论、第二语言习得理论、语言学习理论进行讨论和分析。

一、语言本质理论

（一）语言功能理论

英国的韩礼德是功能学派的标志性人物，他主要致力于研究社会功能层面，并且他主张语言是不断变化的，语言的社会功能也会相应地对其本身产生一定的影响。这就有必要对语言的充分使用进行探究，才能将语言的全部功能及其构成意义的全部成分进行集中。下面将具体讲述韩礼德主张的语言功能分类。

1. 微观的功能

韩礼德认为微观的功能主要出现在儿童进行母语学习的初始阶段，并且包括了七种功能，分别为：①个人功能；②规章功能；③想象功能；④启发功能；⑤工具功能；⑥相互关系功能；⑦信息功能。

2. 宏观的功能

与微观的功能进行比较可以发现，宏观的功能相对更加复杂、更加丰富和更加抽象。宏观功能是儿童向成人语言过渡时产生的语言功能，主要分为以下两种：

（1）实用功能

该功能指儿童在学习语言的早期，由工具、相互关系和控制三种功能所延伸出来的功能，并且是儿童把语言作为做事的方式和手段的功能。

（2）理性功能

该功能衍生于儿童学习语言早期微观功能当中的个人、启发功能，并且是儿童把学习知识和观察事物作为一种手段和途径的功能。

3. 纯理功能

韩礼德主张的纯理功能对语言学派有不可忽视的影响，主要包括以下三个方面：

（1）人际功能方面

人际功能方面指的是语言所具有的表明、建立与维护社会关系方面的功能。运用这种功能，讲话的人能够在某种环境下将自己真实的想法、推断和态度进行完整表达，并在一定程度上对他人产生影响。

（2）篇章功能方面

篇章功能方面是指语言所具有的创造通顺的话语和连贯的篇章，并且十分切合题目的功能。他还认为语篇其实是具有一定功能的语言。

（3）概念功能方面

概念功能方面是指人们运用恰当的语言对自己亲身经历的事情和自身的感想进行概述的功能。也就是说人们通过概念来对经验进行解码，从而达到对事物的表达及阐述。

韩礼德还主张，每个句子都可以在一定程度上体现出上述三种功能，且通常以并存形式存在。关于语言的本质，韩礼德的观点不仅为人类提供了新的角度，有助于语言学界对语言的进一步理解和探究，也为后来产生的交际法教学流派建立了一定的理论基础。

（二）言语行为理论

奥斯汀建立了言语行为的相关理论。随后来自美国的塞尔又在其基础上进行了改进，并逐渐发展出一种用来解释人类语言与交际的理论，即言语行为理论。该理论不仅促进了语言教学的发展，还为意念大纲的产生和发展提供了宝贵的理论基础。在一般的语言教学与大纲设计当中，言语行为通常被叫作“功能”或“语言功能”。下面主要介绍奥斯汀和塞尔的言语行为理论。

1. 奥斯汀

奥斯汀将话语分成了两个方面：一是表述句，二是施为句。除此之外，奥斯汀还以此为基础，提出了言语行为的三分说理论。

（1）表述句

表述句是指用于描写客观事物、报道客观事件、陈述客观事实的句子。关于表述句，能够进行验证。

（2）施为句

施为句是指通过创造新事态来对世界进行改变的句子。施为句是不能进行验证的，也就没有真假值之分。

由此看来，上述两类句子最主要的区别是，前者是以言指事与以言叙事，而后者则是以言行事与以言施事。

（3）三分说理论

奥斯汀提出的三分说具体可以分为以下几个方面：

第一，以言指事的行为。该行为就是指通过对发音器官的移动，发出相应的话语，从而按照一定的规则将这些话语排列成相应的词组或句子。一般都是代表意义上的行为。

第二，以言行事的行为。该行为就是采用说话的方式来实施相应的行为。该行为具体表明的是说话人的意图（语力）。奥斯汀把该语言行为分成了五个方面：①评价行为；②施权行为；③承诺行为；④论理行为；⑤表态行为。

第三，以言成事的行为。该行为通过言语的方式不同产生不同的效应，也就是说话所带来的一定的后果。在这里要特别表明的一点是：以言成事行为和以言取效行为都是指通过说话导致的相应的结果，且不管结果怎样，都与说话人的意图没有关系。

2. 塞尔

塞尔在奥斯汀的理论基础上进行了相应的改良，并提出了相应的间接言语行为理论。下面进行具体分析。

（1）以言行事行为的分类

第一，承诺类。该分类指说话的人对未来即将要发生事情的行为所进行的不同程度的保证和承诺。

第二，表达类。该分类指说话的人具有的某种心理状态。

第三，断言类。该分类指说话的人针对某一事情所做出的判断和态度的表明。

第四，宣告类。该分类指说话的人所要表明的命题的相关内容和客观现实是相同的。

第五，指令类。该分类指说话的人指使或者命令别人去做相应的事情。

塞尔提出的重新分类的方法由于其科学性和实用性，至今仍在运用。

（2）间接言语行为理论

间接的言语行为就是指采用对另一行为实施的方法，从而达到间接实施言语行为的目的一种行为。

塞尔还提出，把间接言语行为分为以下两类：

第一，规约性间接言语行为。该行为一般是基于对听话人的礼貌行为，并且依据说话人使用的句法形式可以推断出相应的语意。

第二，非规约性间接言语行为。该行为一般相对复杂，并且一般都要依据交际双方的共识语言信息对当下的处境等情况做出合理判断。

二、第二语言习得理论

（一）第二语言习得理论的概念

20 世纪 60 年代开始，有人研究人们获得语言能力的机制尤其是获得外语能力的机制，并结合了包括语言学和社会学等多种学科，逐渐发展成第二语言习得学科。

（二）第二语言习得研究的流派

从 20 世纪 70 年代开始，人们便开始从不同的角度对第二语言习得进行探讨和研究，所对应的研究方法也是各有特色。罗德・埃利斯就在其撰写的《第二语言习得研究》中指出，第二语言习得研究正在向多个角度进行扩展，所对应的研究理论来源及视角也是多种多样的（如心理学角度和神经语言学角度等）。20 多年以来，第二语言习得的相关理论正在不断产生和发展，这些都得益于多种层面和多种方法的不断研究。其中主要有以下两个方面：

1. 普遍语法理论

（1）基本内涵

乔姆斯基与支持乔姆斯基理论的人认为，人们所具有的普遍的语言方面的知识都是来自遗传基因的作用，乔姆斯基将这种来自先天的知识叫作“普遍语法”。普遍语法理论一方面强调的是先天的语言机制对语言习得产生的作用，另一方面则是强调语言中存在的共同的规律性对语言习得产生的作用。如果这种天赋不存在的话，第一语言和第二语言都将不复存在。这是因为，在进行语言习得时，语言的有关数据是不够充分的，还不足以产生习得这一行为。所以乔姆斯基主张语言在一定程度上也是说话人本身的心理活动产生的相应结果。就好像婴儿与生俱来的语言学习能力，因此在遇到语言错误时，不需要纠正，随着年龄的逐渐增长，他们就会从生活中逐渐总结经验，从而进行自我纠正。有部分人在使用语言的过程中，总是习惯通过语法核对，从而保证话语的正确性，其实这就是通过学习这一行为所进行的自我监控。当这些人的语言水平随着年龄的增长而不断提高后，自我监控的使用就会相对变少。所以从本质上讲，语言并不是通过“学习”得到，是存在于人们脑中的语法原则，是生物性天赋的重要组成部分，不需要进行专门的学习，但是也不能违反其规则。

在普遍语法模式里的基本概念既包括原则，也包括参数，这二者分别对语言与语言间的共性和差异性进行了具体的讨论和解释。

第一，原则。原则就是适用于所有人类语言的高度抽象化的语法属性。

第二，参数。参数是语言间差异性的具体体现，有大于等于两个的值，因此不同语言之间的差异性可以用相应的参数值来体现。

（2）普遍语法与第二语言习得

普遍语法理论强调第二语言的获得过程是以语言相应的参数值为基础的，并且将第一、第二语言当中所体现的语言的规律和语言的特性与第二语言习得的过程相结合，从而对习得的现象进行具体的解释和分析。该假设想要证明第二语言来源于相对独立的语言机制，并不来源于认知系统。该假设所体现出的优点有，以最新的原因理论为基点，对第二语言习得进行理解和探究，同时引起相关研究者对语言迁移现象的认识和评估。然而，有不少学者对该理论还是持怀疑的态度。并且由于此理论相较于其他理论来讲较为抽象，普遍的语法理论不能从根本上对具体的时间教学产生积极方面的引导作用，也在一定程度影响了普遍语法理论在第二语言习得中的适用度。

2. 语言监控理论

20 世纪 70 年代，来自美国的克拉申针对第二语言习得提出了影响深远的语言监控理论，主要由五个假设组成。该理论的提出对传统重视语法的外语教学产生了巨大的冲击，下面进行具体分析。

（1）习得 / 学习的假设

在此种假设当中，克拉申以“学习”和“习得”二者之间的差别作为研究重点，将二者进行明确的分离。他认为习得是学习者下意识获得语言的过程，而学习是学习者有意识采用各种方式进行语言学习的过程，并且从神经语言学的层面来进行分析，学习的知识和习得的知识分别处在大脑的不同部位。

（2）自然顺序的假设

该假设主张人类对于语言结构知识的相关习得都是遵循一定的自然顺序而进行的。并且他认为该假设并没有要求人们依据此顺序进行教学大纲的相关制定。事实上，如果想要习得相应的语言能力，就要按照一定的语法顺序进行教学才行。

（3）监控的假设

此种假设与习得 / 学习的假设是紧密相连的，在一定程度上表现出了语言习得与学习的内在关联。区别“习得”和“学习”，第二语言习得就应该像幼儿习得母语一样。幼儿的语言习得从来不是有意识地被人教过，也不是有意识地学习过。他们和成年人（通常是父母）进行的大量语言交流活动，是伴随着真实情景的。他们使用语言的能力来自无数次下意识的语言交流。因此，在“教”学习者第二语言时，教师应该在教授的过程中加入幼儿的自然母语习得，并且要为第二语言学习创造更为多样的语言环境。比如，过去教学中采用的一些方法都强调模拟一种真实的习得语言的场景，正是这种观念的一种反映。

由此看出，语言习得和学习的作用各有千秋。语言习得系统实则是人体的潜意识语言知识和真正具备的语言能力。而语言学习系统则是一种有意识的语言知识，主要在第二语言运用的过程中起监控和编辑的作用，并且该监控功能既可以在语言输出之前，也可以在语言输出的后面。但是，监控功能是否能充分发挥其作用还要看时间、形式和规则这三个条件。

相较于书面表达，口语表达更加注重说话的内容，而容易忽略其语法规则与形式，因此，如果在说话的过程中进行语法监控，就会在一定程度上对说话产生影响，造成说话结巴，从而影响语言交流。而书面的表达则相对较好，因为在写作的过程中，作者能够通过充足的时间进行反复推敲，从而选用最佳的语法规则。

（4）输入的假设

输入的假设是克拉申语言习得研究理论的重点部分。他认为，语言习得者只有接触到了“可理解的语言输入”，也就是说接触到的第二语言输入内容稍高于习得者具有的语言水平，并且该习得者既能从形式上进行理解又能从意义和信息两个方面进行理解的时候，语言习得才能产生。这就是至今仍非常著名的“i+1”理论。其中i表示习得者现在就有的语言水平，1则代表了稍高于习得者水平的语言内容和材料。克拉申还认为，该公式的输入无须刻意提供，只需进行理解输入，并且达到了一定的量，输入便会自动生成。

（5）情感过滤的假设

该假设主张，有相应的可理解输入的环境≠学好目的语，第二语言习得还受许多情感因素的作用和影响。语言输入只有经历了情感过滤的考验才能真正吸收。克拉申还认为，影响习得语言的情感因素包括动力、性格和情感状态在内的诸多情感因素。

三、语言学习理论

（一）行为主义学习理论

该理论主要来自巴甫洛夫的“条件反射”理论，受“条件反射”概念的启发和影响，人们开始从实验角度和理论角度对儿童的语言学习过程进行具体的分析和探讨。经过探究发现，儿童的语言学习过程实际上就是在不断地进行“刺激—反应”，并且在此过程中逐渐掌握了母语。该理论的主要代表人物有以下几位。

1. 华生

在 20 世纪初期，华生建立了行为主义学习的理论，标志着这一理论的产生。华生认为行为主义就是可以通过一些客观方法的运用进行的直接观察的行为。他还认为，人与动物所产生的所有复杂的行为都是受一定的环境影响，并逐渐进行学习而获得的，并且有刺激与反应这一共同的因素作用。基于此，他便提出了“刺激—反应”公式。

2. 伯尔赫斯·弗雷德里克·斯金纳

斯金纳将自己的理论建立在华生之上，进行了进一步的继承和拓展，并且在《言语行为》一书中提到了一系列行为主义对言语行为系统的看法，于 1957 年出版。该书的出版还确立了行为主义在语言教学理论中占据的主导地位。

斯金纳认为人们的一些言语或是言语的一部分都是某种刺激所产生的相应结果，而刺激又包括三个方面：一是言语刺激，二是外部刺激，三是内部刺激。通过反复刺激这一动作不仅能强化学习的效果，还能在一定程度上教会人们使用合适的语言形式。由此可见，重复刺激在学习过程中的地位举足轻重。关于行为主义的学习模式如图 2-1 所示。

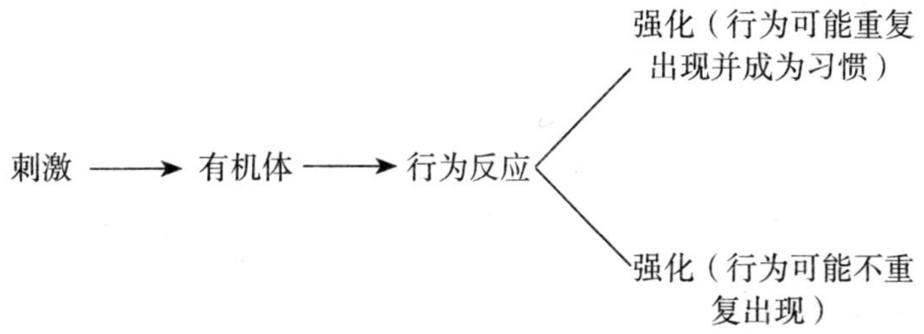

图 2–1　行为主义的学习模式图

行为主义学习的理论在美国盛行长达几十年，以至于在如今的教育机制中仍地位突出。所以，教师能够采用一些干预活动来指导学生的行为，从而在一定程度上帮助学生掌握学习知识，发展语言的有关技能。除此之外，为学习者提供有关接触语言的材料也是行为学习理论的表现之一。

（二）认知主义学习理论

在 20 世纪的前半叶，行为主义学习的理论占据了主要地位。但是行为主义把所有思维看成“刺激—反应”，在一定程度上忽视了人的意识问题，所以越来越多的学者对其产生了意见和不满。在这样的背景之下，认知主义学习理论开始逐渐发展。它强调学习是对情境的一定领悟和认知而逐渐形成的认知结构，并且主张研究学习的内部条件和内部过程两个方面的内容。其代表性的观点主要有以下几种。

1. 顿悟说

苛勒是德国著名的心理学家，也是格式塔心理学的先驱。格式塔具体指的是被分离的整体或一些组织结构。该理论主张，在学习语言的过程中，要想解决一定的问题，首先就要对情境中事物之间的联系进行准确的理解，才能构成完形，实现语言的学习这一目标。

他还在格式塔理论的基础上提出了顿悟说，该学说主要有以下观点。

第一，学习并不是“刺激—反应”这一活动的简单连接，而是有一定目的和主动进行了解或顿悟而逐渐组成的完形。

第二，学习并不是由不断尝试错误总结实现的，而是通过顿悟实现的。

2. 发生认识论

瑞士著名心理学家让·皮亚杰，主张以发生认识论为核心，主要研究的内容都是有关人类的认识，包括概念、语言、认识发展等多个方面。在他看来，每个人都能追溯到童年时期，甚至胚胎时期。值得研究的相关问题还有人在出生之后是怎样形成的认识和发展思维，这些思维的产生都受什么因素的影响和制约、不同年龄和水平的智力差别和思维结构等。所以，皮亚杰把自己的研究重点主要放在了认知发展的阶段性方面和认知发展的机制方面。

他把无法进行探测的大脑进行活动的过程统一抽象成能够直接进行观察的心理模型，并运用一些客观方法对人类的高级认知活动和复杂认知活动进行探究，从而在一定程度上促进了人们对自身的进一步了解和认识。

3. 发现学习理论

杰罗姆·布鲁纳的发现学习理论观点认为，学习的本质就是在于主动形成的认知结构，该结构还能够用来感知与概括新事物的一般方式。认知结构实际上是建立在一定的经验基础上，通过不断的改变，从而逐渐了解和学习新知识的内部因素和相应的基础。他将学习分成了三个过程：一是知识的获得，二是知识的转换，三是知识的评价。学习任何一门学科都要学习一系列的新知识，因此每种知识的学习都要经过知识的获得、知识的转换和知识的评价这三个过程。所以，发现学习在某种程度上来讲是最好的学习方式。

发现学习的中心是学生，前提是教师进行的一系列激发学生的学习兴趣和动机，通过引导学生进行观察活动、分析活动和归纳活动，来逐渐培养学生独立分析问题与解决问题的能力。该理论的提出是布鲁纳结合学习论和教育论做出的巨大贡献。

4. 认知—同化学习理论

戴维·保罗·奥苏贝尔在总结了前人的理论之后，将学习分为了两个维度。

（1）以学习方式进行划分

按照此种划分标准，可分为以下两种类型：

第一，接受学习。接受学习指通过定论的形式将要学习的内容传授给学生。

第二，发现学习。与接受学习相比，发现学习并不是将要学习的内容直接呈现给学生，而是通过安排学生进行一系列活动，从而逐渐发现这些内容，再逐渐内化到学生的认知结构当中。

（2）以学习资料和学习者知识结构的关系进行划分

按照此种划分标准，可分为以下两种类型：

第一，机械学习。机械学习的意思是学习者并没有对所学知识进行透彻理解，而是仅仅机械地记住了部分符号的词句或是组合形式。

第二，意义学习。意义学习的意思是把符号代表的对应的新知识和学生已有的观念等相结合，建立一种非人为的、实质性的联系。

上述两种维度的结合能够对学习进行再度划分，分为四种类型：①有意义的接受学习；②有意义的发现学习；③机械的接受学习；④机械的发现学习。

奥苏贝尔还认为有意义的接受学习能够在相对较短的时间里让学生获得大量的系统知识，是进行教学的第一目标。

他还认为相对有意义的学习过程其实就是原来的观念对新的观念的逐渐同化过程，且该过程主要有以下几种方式：一是总括学习，又叫作“上位学习”，意思就是在已具备的部分从属观念的基础之上总结归纳出一个总的观念或观点；二是类属学习，又叫作“下位学习”，意思就是将从属观念与总的观念进行结合，从而建立起一定的联系；三是并列结合学习，这种是指在学习的过程中，前面所学的知识和现在所学的新知识在某种程度上是相通的，所以，可以借助之前的知识来获得新知识的意义。

但还有一点需要在学习中注意，虽然学习的意义实现了，但是同化的过程还在继续，因此在之后必须对知识再进行整合和重组，知识才能掌握得更加牢固。

（三）建构主义学习理论

20 世纪 90 年代，一个新的理论在美国诞生——建构主义（Constructivism），它是对多个学科进行综合而发展起来的一个学科，所以它的理论体系都很多，非常烦琐。所以说不同的研究者有不同的学科理论，这也使得建构主义的理论不同。但是他们都认同知识不是被动接受的，而是认知主体进行积极主动建构的结果。因此，这一观点也被所有的建构主义研究者叫作“建构主义的第一信条”。除此之外，建构主义研究的目的就是强调人类对于认识的能动性，展现人类的认识对经验、环境以及社会的作用以及对它们的依赖作用，并且指出，知识的意义不是一成不变的，而是随着学习环境的变化不断发生改变。建构主义所研究的相关内容对人类的教育以及对教育的研究都有很重要的指导意义，因此，建构主义在发展的过程中逐渐和教育实践相结合，就构成了建构主义学习理论，并且不断为各个国家的教育改革提供思想上的指导。

1. 建构主义学习思想

建构主义的影响是非常广泛和深刻的，而且对于它的定义也很难具体化，它的思想的进化也是一个曲折的过程。建构主义思想最初的来源始于 18 世纪，学者代表就是意大利的维柯和德国的哲学家康德，而皮亚杰、维果斯基被公认是现代建构主义学习理论研究的先驱。

在建构主义学习思想的研究中，有一个鼻祖式的人物，那就是苏联的心理学家维果斯基。他提出了“文化历史发展理论”，这一理论指出了学习者在认知的过程中社会文化历史背景所起到的关键作用，而且在其基础上发明了新的理论：最近发展区。通过上面的理论，维果斯基指出，个体的学习过程离不开特定的历史背景和社会文化，而且个体在学习的过程中，社会在这个过程中会发挥非常重要的积极作用。维果斯基在前面理论的基础上将个体的发展水平分为了两种：一种是现实的，另一种是潜在的。前一种就是指个体通过自己的活动能够达到的水平，后一种就是个体不能独立完成，通过他人的帮助进行完成的水平。前文所叙述的“最近发展区”不属于这两种的任意一种，而是处于两者之间的区域。维果斯基属于位列鲁学派，他们这个学派还在前面理论的基础上对“活动”与“社会交往”和人的高级心理机能的发展之间的作用关系进行研究。他们的研究都给建构主义理论添砖加瓦，使其更加丰满，同时也为这一理论应用于教学提供了条件。

2. 建构主义学习主张

（1）建构主义知识观

第一，知识是不断进行发展和演化的。建构主义指出，知识并不能表现出某一问题的最终结果或是标准的答案，也不能客观地反映出现实的各种现象，只是人们对于现实世界的一种“假设”或“解释”，而且在这一过程中要借助符号系统的作用。只是不是一成不变的，而是随着社会的推移也会发生改变。

第二，知识存在于主体内部。这一理论认为知识不会存在于个体的外部，而且是以实体的形式，只能存在于主体的内部。虽然人们将知识通过语言符号的形式使得知识有了其外在表现的样式，但是这也不能说明不同的学习者对于相同的知识的理解是一样的。因为不同的学习者之间有不同的经验和背景，而且不同的学习过程对于知识的理解也会有影响。

第三，知识没有绝对，而且不存在终极真理。知识只是通过个人的经验将其进行合理化，而不能对世界的真理进行说明。知识也不能解释世界上任何活动的或是为任何问题提供解决办法，因为知识总是个体在自己的主观意识上进行建构的。因此，在解决问题时，要根据问题所处的环境进行具体分析，而不是仅仅将知识生搬硬套。

第四，生存是掌握知识的目的。掌握知识最根本的目的不是对世界中存在的真理进行研究和分析，而是为了解决生存问题。建构主义的知识大部分都是针对学科的知识，而且是对学科知识的理解和认识，而且必须都具备一定的用处。科学的知识等同于建构的知识，必须从一定的关系、兴趣以及问题的立场上对其进行验证，还要对它的“生存力”和“可操作性”进行验证，如果在验证过程中能够发现其在各种各样的语境中都存在合适的知识，并且是有用的，那么它就具有了生存力，并且会被应用。

（2）建构主义教学观

第一，教学目标。建构主义的教学目标有其侧重点，主要侧重于以下几个方面。

一是在教学中，注重“理解的认知过程”和起到作用的“意义建构”，并将它们作为中心目标。建构主义强调，如果学生是一个认知者，那么他在生存和感知过程中所做的就是将建构的作用有用化。因此，在教学中，其最基础的目标就是对这种建构的过程进行认可和支持。

二是在教学目标中加入专业化知识。客观真理在建构主义的认识理论中是不存在的，但这也不能说明建构主义不承认客观真理的存在，而且在教学目标中将其拒之门外，而是提倡在教学的过程中也要设计某种学科的专业知识。但是，在激进建构主义看来，学科的知识是某个科学家的论述，并且意识一致而形成的一种理论，而不是一定正确，且不存在矛盾的真理。

三是将社会化和文化适应纳入教学目标的行列。社会文化共同体中的儿童或是青少年的发展都离不开社会化和文化适应，并且成为现代教育的一种教学目标。在建构主义理论中，他们指出，社会化和文化适应能够使人们在成长这一过程产生的思维和行动和其他人有一样的地方，而要实现这种相同的地方，就要学习。

第二，教学活动。教学活动在开展的过程中要体现出一定的特点，在建构主义者看来，优秀的教学活动，应体现出以下几个特点。

首先，教学环境应该多样化，教学活动在这种环境中开展。这种多样化的教学环境可以使得联系多元化，能够使学习者在这一过程中将新的知识和原来所学的知识相结合，使得理解的角度更多。教学活动要是真实存在的情景和问题，学习者可以在这种环境中对新知识进行理解和建构。

其次，通过开展教学活动使教学环境更加多样化，使学习者能够在这种学习环境中进行自我建构，并且完成经验的积累和知识的建构。如果学生在这一教学活动中主动对空间进行利用，自觉地意识到学习的时机，并且活动和发挥的空间都是自由的，那么就可以说这次学习活动就成功了。

再次，能够给学生提供一个使其进行自我发挥的环境是建构主义认为的重要的事情。因此，教师不能根据自己的意愿来组织教学活动，而是根据学生的认知结构、观念世界以及相关经验来进行建构。建构主义教学活动具有以下显著特征：使学生之间的对话增多，不直接将问题的答案讲授给学生；教学活动实施的过程中，鼓励学生对一些错误和矛盾进行论述，并对真理提出疑问。

最后，整个教学过程要使学习者一直在“最近开发区”，使学生的发展最大化。因此，教师在组织教学活动时，要结合学生的当前情况，并且对问题进行及时解决。

第三，教学过程。学生通过教师的帮助，能够自主地对相关知识进行建构。这个过程是在学生个体的内部进行的。这个过程要依靠于学生当前所拥有的知识、态度和兴趣，并与新的经验进行结合。所以，教师在这一过程中，也要以学生当前所拥有的知识、态度和兴趣为基础，建构出的教学环境能够使学生在教学过程中获得经验，这样学生才能在教师的促进中，对自己当前的知识进行建构。

第四，用建构主义看待教师及其专业发展。不要将某种主义、某种教学法强加给教师，而是根据各种途径了解教师现阶段所处的真实环境、思想观念等，而且要根据他们的各种要求对教师开展相关的培训工作。可以进行反思式的教学，也就是说教师在教学过程中，可以对自己的教学方法或教学过程进行记录，然后再进行相关的讨论，从而对自己在教学过程中出现的问题进行反思。

第二节　高校英语教学的构成要素

一、教师

教师是教学活动的组织者，也是影响教学效果的最重要变量之一。教师的主导作用是在与学生的交往中得以实现的。教师在教学过程中，除了要充分发挥自身的主导作用，更要注重自身素质的提高。一名合格的高校英语教师应该具备以下三个方面的基本素质。

（一）专业素养

高校英语教师专业方面的素养包括以下几个方面：

1. 综合教学能力

综合教学能力是指在英语教学中所需要的语言本身之外的教学能力，主要包括书写、唱歌、绘画、制作、表演等。较强综合教学技能要求如下：能写，即书写字迹工整规范；能唱，即能够结合学生学习的进程编写、教唱学生喜爱的英文歌曲；会画，即会画简笔画，并能运用于教学中；会制作，即能够设计制作适用于教学的各种教具，包括幻灯片、录像、电脑软件等；善表演，即能够充分利用体态语，以丰富的表情、协调的动作表达意义或情感，做到有声有色。

2. 系统的教学理论知识

系统的教学理论知识也是英语教师必须掌握的。所谓系统的教学理论知识，是指教师除了要具备教育学、心理学理论以外，还要掌握英语教学理论知识，这主要包括现代语言知识、英语习得理论知识和英语教学法知识等。

3. 较高的语言水平

较高的语言水平是当好一名英语教师的基础，主要包括扎实的语言专业知识和较高的语言技能。教师不仅要具备系统的英语语音、语法知识，还要具备较大的词汇量，同时要具有良好的听、说、读、写能力。较高的语言水平是开展教学活动的基本保障，教师只有具备较高的语言水平，才能全面地掌握教材，才能向学生传授英语语言知识，培养学生的英语语言技能。

4. 英语教学的组织能力

英语教学的组织能力主要指教师动员和组织学生集体进行学习的能力。这一能力主要表现在教师有效地掌握课堂、有效地动员学生积极参加学习等方面。在有效掌握课堂方面，教师要做到以下几点：注意教材内容、自己的言语和言语表达；注意学生理解和表达的正确性，包括语音、语法、词汇及思想表达等方面的内容；注意课堂情绪和纪律；注意掌握学生的注意力。做到以上几点，教师才可以使课堂教学井然有序。要想有效动员学生积极参与学习，教师需要具有一定的创造性。教师一进课堂就会进入一种创造性的境界，思维活跃，能够很容易地自由运用知识技能，从而使学生受到感染，愿意全身心地投入教师引导的学习活动中。教师流利的英语本身就是动员学生的一种力量，教师发音要清晰、准确流利，内容要易懂、明确。而且，还要能根据学生的语言水平来组织自己的语言，使用学生学习过的词汇和语法结构。

5. 传授和培养英语知识技能的能力

（1）教师要善于讲解

讲解是所有教师所必须具备的最主要、最基本的工作能力。一名合格的教师要善于将复杂的教学内容变得通俗易懂，能够深入浅出地进行讲解。为此，教师不仅要充分了解学生的心理、生理特点及学生的英语水平，还要认真细致地做好备课，并且要根据不同的内容选择适当的讲授方法，在讲解的过程中还要做到重点突出。

（2）教师要善于示范

英语教学既要传授知识，又要培养技能。学生语言技能的训练包括发音、书写、朗读、说话，这些都需要教师进行示范，然后学生对教师的示范进行模仿。教师要将示范和讲解相结合，用示范配合讲解，或者用讲解来突出示范中的重点，做到示范正确标准。由于示范是为了让学生进行模仿，因此还要与学生的实践相结合。

（3）教师要善于提问启发

向学生提问是英语教学的重要手段，教师要善于使用这一手段。例如，在讲授新知识之前通过提问来复习旧知识；用提问检查与复习讲授的内容。使用提问教学手段时教师要注意两点：提出的问题要适合学生的实际水平；提问要注意调动全班学生的积极性。

（4）教师要善于引导学生进行练习

语言技能的培养需要大量的语言实践，如语音练习、语法练习、口语表达练习、听力培养练习、阅读练习、写作练习等。教师要熟悉各种练习形式的作用，并在英语课堂教学中引导学生进行各种练习活动，有效培养学生的语言技能。

（5）教师要善于纠正学生言语中的错误

学生学习英语是一个逐步进步的学习过程，在这个过程中难免会出现错误。有些错误是学生可以自行改正的，教师对此类错误不必纠正。而对于有些必须纠正的错误，教师也应该有策略、有技巧地进行纠正。哪些错误需要纠正，哪些错误不需纠正，在何时纠正，如何纠正，都反映着教师的教学实践素质。

6. 较强的科研能力

以往的英语教学只要求教师具备一定的语言水平和教学水平。但是随着时代的发展，教育对教师提出了新的要求，教师除了语言水平和教学水平外，还要具备较强的教育科研意识和科研能力。

（二）师德素养

师德是教师最重要的素养，也是教师从事教育教学活动的动力源泉。师德决定着教师对学生的热爱、对事业的忠诚、对教学执着的追求和对人格的塑造。同时，师德还直接影响着学生的成长。因此，英语教师必须具有坚定的理想信念，科学的世界观、人生观、价值观，忠于人民的教育事业，具有爱岗敬业的奉献精神，热爱学生。教师只有自身真正懂得奉献、体现公正、具有责任感，才能言传身教。

（三）人格素养

人格素养是教师素养的综合体现。“学高为师，身正为范”概括了教师的职业特征和专业特征，同时也概括了对现代英语教师人格塑造的要求。一名优秀的英语教师应具有高尚的道德品行，令人愉快的个人性格，宽容、谦逊、好学的品质，正确的自我意识，良好的心理素质，幽默的语言表达，和谐的人际交往，端庄的仪表风度，崇高的审美素质，积极耐心的工作态度及丰富的知识经验等。这些方面并不是孤立的，而是相互联系、相互影响的。

二、学生

学生是英语课堂教学的主体和中心。每个学生都是独特的个体，他们之间存在着各种差异，这些差异尤其体现在语言潜能、认知风格、学习动机、学习态度及自身性格等方面，而且这些差异使他们理解和掌握新知识的速度和程度不尽相同。这里重点分析一下学生在各方面存在的差异。

（一）语言潜能差异

语言潜能是学习英语所需要的认知素质，或是学习英语的能力倾向。努力提高学生英语素质就是要培养学生的综合语言运用能力，而语言潜能正是就学生的认知素质来预测其学习英语的潜在能力。卡洛尔提出外语学习能力应包括以下几种：

第一，语音编码、解码能力，即关于输入处理的能力；

第二，归纳性语言学习能力，它是有关语言材料的组织和操作能力；

第三，语法敏感性，它是从语言材料中推断语言规则的能力；

第四，联想记忆能力，它是关于新材料的吸收和同化能力。

不同学生的语言潜能存在着差异。在教学过程中，教师应了解学生的语言潜能进而因材施教，使之针对不同的学习任务在不同场合发挥各自的长处，以收到事半功倍的效果。

（二）认知风格差异

认知风格是指人在信息加工（包括接受、储存、转化、提取和使用）过程中，表现出来的认知组织和认知功能方面的持久一贯的风格，它既包括个体知觉、记忆、思维等认知过程方面的差异，也包括个体态度、动机等人格形成和认知功能与认知能力方面的差异。不同的学习个体有不同的认知风格。应该说，不同的认知风格各有其优势和劣势，但这并不代表学生的学习成绩有差别。学生之间可以有各自偏爱的信息加工方式，在学习不同材料时也会各有所长。当学生的认知风格与教师的教学风格、学习环境中的其他因素相吻合时，其学习成绩会更好。因此，教师应了解并尊重学生不同的认知风格类型，针对不同的学习任务和学习环境因材施教、妥善引导，使自己的教学特点与学生的需要有机联系，进而取得良好的教学效果。

（三）情感因素差异

情感因素方面的差异主要涉及以下几个方面：

1. 学习动机

学习动机是指激发个体进行学习活动，维持已引起的学习活动，并使行为朝向一定的学习目标的一种内在过程或内部心理状态，是直接推动学生进行英语学习的内部动力，是影响英语学习成绩的一个关键因素。学习动机来源于学习活动，也是学习活动得以发动、维持、完成的重要条件，并由此影响学习效果。

2. 性格

性格是指一个人对现实的态度和行为方式表现得比较稳定但又可变的心理特征，是学生的重要情感因素，也是决定其英语学习成功与否的关键因素之一。人的性格大体可以分为外向型和内向型两种。埃利斯认为，外向型的学生善于交际方面的学习，因其喜欢交际，不怕出错，能积极参与英语学习活动，并在活动中寻求更多的学习机会；而内向型的学生在发展认知型学术语言能力上更占优势，因其善于利用沉静的性格从事阅读和写作。对教师来说，研究学生性格差异的最终目的，是为了充分了解学生的个体差异和不同的心理状态，发挥不同性格学生的优势，因材施教，以获得更理想的教学效果。

3. 态度

态度是指个体对待他人或事物的稳定的心理倾向或为达到某种目的而

做出的一定努力，是影响英语学习的重要因素之一。态度包括三方面：情感成分，即对某一个目标的好恶程度；认知成分，即对某一个目标的信念；意动成分，即对某一个目标的行动意向及实际行动。一般来说，对异文化抱有好感，向往其生活方式，渴望了解其历史、文化和社会习俗的学生，对其文化与语言会持积极的态度，这样就可以获得良好的学习效果。此外，学生对学习材料、教学活动的组织形式及对教师的态度，都会影响到他们英语学习的效果。对学生个体差异的分析是为了使教师能够根据学生的个体差异制订教学计划，选择适合的教学材料和方法，具有重要的实践意义。

三、教学内容

教学内容是连接学生和教师之间的桥梁，也是教学实践中不可或缺的一个重要构成因素。所谓教学内容，就是指在教学活动中为实现教学目标，师生共同作用的知识、技巧、技能、思想、观点、概念、事实、问题、行为习惯等的总和。教学内容是一种特殊的知识系统，既不同于语言知识本身，也不同于日常经历；既要考虑英语学科本身的知识体系，又要考虑学生的年龄特点和实际需求等。一般来说，教学内容包括以下几个方面：

（一）语言知识

基础英语语言知识是综合英语运用能力的有机组成部分，是语言学习和语言运用的重要内容之一。没有扎实的语言知识，就不可能具有较强的语言能力。

（二）语言技能

听、说、读、写是学习和运用语言必备的四项语言基本技能，是他们形成综合语言运用能力的重要基础和手段。听是分辨和理解话语的能力；

说是运用口语表达思想、输出信息的能力；读是辨认和理解书面语言的能力；写是运用书面语表达思想、输出信息的能力。学生通过大量听、说、读、写的专项和综合性语言实践活动，形成这四种技能的综合运用能力，为真实语言交际奠定基础。

（三）情感态度

所谓情感态度，是指兴趣、动机、自信、意志和合作精神等影响学生学习过程和学习效果的相关因素，还有在学习过程中逐渐形成的祖国意识和国际视野。在教学中，教师应不断激发并强化学生的学习兴趣，引导他们逐渐将兴趣转化为稳定的学习动机，树立自信心，锻炼克服困难的意志，认识学习的优势与不足，乐于与他人合作，养成和谐和健康向上的品格。

（四）文化意识

在英语教学中，文化指所学语言国家的历史地理、风土人情、传统习俗、生活方式、文学艺术、行为规范、价值观念等。对学生来说，接触和了解英语国家文化有益于学生对英语的理解和使用，加深对本国文化的理解与认识，有利于提高人文素养，培养世界意识。因此，教师在教学中要主动帮助学生培养文化意识，根据学生的年龄特点和认知能力，传授文化知识，培养其文化意识和世界意识。

（五）学习策略

学习策略是指学生为有效地学习和发展而采取的各种行动和步骤。英语学习的策略包括认知策略、调控策略、交际策略和资源策略等。培养学习策略有助于学生有效学习英语，为终身学习奠定基础。使用有效的英语学习策略，可以改进英语学习方式，提升学习效果，还可以让学生学会如何学习，从而培养学生自主的终身学习能力。因此，教师要有意识地帮助学生形成适合自己的学习策略，对自己的学习过程和效果进行监控和反思，培养学生根据学习风格不断调整学习策略的能力，引导学生观察他人的学习策略，与他人交流学习体会，尝试不同的学习策略。

（六）教材使用

教材是教学内容的重要载体。在新课程改革中，教材是重要的教育教学因素。教材是教师用来教学的材料，也是学生用来学习的材料。简单地说，教材是为教师的教和学生的学服务的，是课堂的必需要素。然而，教材是死的，学生是不断变化的，而且任何教材的编写都受编者水平和资料的限制，不可避免地会存在某些缺点和不足。如果教师一味地以完成教学任务为目的，忽略学生的反应，按部就班地使用教材，恐怕很难起到促进学习的作用。因此，在教学过程中，教师应灵活处理不同的教材，在课上或课下询问学生的感受，及时调整教学的方法和进度。

四、教学方法

语言教学教无定法，贵在有法。在英语教学历史上，有多种教学方法都曾经发挥过重要作用，有效地促进了英语教学的发展。例如，翻译法、直接法、自觉对比法、听说法、视听法、认知法、功能法，以及由此派生出来的口语法、全身反应法、自然法、沉默法、暗示法、交际法等。但是，实践证明，没有哪一种教学方法是最好的、最有效的，也没有哪一种方法适用于所有时期、所有地区、所有教学内容。一个教师在英语教学中采用一成不变的教学方法，必然会使学生感到厌烦。而且不同的教学方法对不同的语言知识、语言技能各有侧重，综合、灵活地运用各种教学方法，才能有效促进学生英语能力的提高，才有利于学生英语水平的全面发展。

在高校英语教学中，教师应该注意无论使用什么样的教学方法，都必须以学生的语言交际作为教学的出发点，尽量将教学与日常实际生活结合起来，鼓励学生有创造性地、有目的地运用已学语言材料，在新的生活场景中重新组织语句，表达自己的感情。同时，教师应力求使教学过程交际化，教材内容选自真实生活中的自然交际，适合学生的年龄，对处于不同阶段的学生采取不同的教学方法。

第三节　高校英语教学的开展原则

一、以学生为中心原则

学生是教学活动的主体与内在因素，英语教学要以学生为中心，充分发挥学生的主观能动性，提高教学效率。在英语教学中，实施学生中心原则要求教师从以下两方面着手进行：教材分析要以学生为中心、教学方法与手段的选择要以学生为中心。

（一）教材分析要以学生为中心

教材分析时，教师应充分理解并把握教学内容，了解学生所处的不同阶段的实际情况及学生的学习能力状况，以此作为调整教学目标与任务的依据；教师还要根据学生的需要，对教材内容和活动进行心理化处理和最优化处理，使教材与学生的经验与体验结合起来，将教材内容变成问题的链接和师生对话的中介，使教材更好地服务于教学。

（二）教学方法和手段的选择要以学生为中心

在英语教学过程中，教师应选取多样化的教学方法和手段，做到以学生为中心。直观的教学方法可以使学生直接感受和理解语言，通过视、听、说可以激发学生参与的兴趣，强化记忆。形象化教学手段可以适应学生的直觉思维特点，因此教师可选择一些利于激发学生兴趣和好奇心的媒体，如幻灯、投影、模型、录音、图片等，使他们积极地参与课堂学习，自然地感知语言，满足个人的需求。

二、循序渐进原则

英语教学的循序渐进原则主要包括以下三层含义：

第一，语言的学习应从口语开始，然后逐渐过渡到书面语。英语包括两种形式：口语和书面语，且口语早于书面语出现。与书面语相比，口语词汇通常较为常用，句子结构简单，学习起来比较容易。学生通过口语的学习可以尽快地获得交际技能，满足日常交际的需要，这样就达到了学用结合的目的。

第二，就听、说、读、写等语言技能的培养而言，教师应该首先侧重培养学生的听、说能力，逐渐过渡到读、写技能的培养上。听、说、读、写是英语的四项基本技能，应该全面发展，但是在不同的阶段，侧重点应有所不同。听、说教学能使学生掌握基础的语言知识，包括语音、词汇、句子结构等，这为读、写能力的培养奠定了基础。因此，在英语学习的初级阶段，教师应加强“听、说”的教学，然后再逐步向“读、写”教学过渡。

第三，英语语言知识、语言技能及使用语言的能力的完成与提高是一个循序渐进的过程。学习英语是一个螺旋式发展的过程，需要反复地循环，但这种循环并非单一地重复，每一次重复在难度和深度上都有所提高。此外，循环往复要求教学中要做到以旧带新、从已知到未知。因此，教师应以学生已有的语言知识和已熟悉的语言技能为出发点，传授新知识，培养新的技能。

三、输入优先原则

英语教学要坚持输入优先原则。所谓输入和输出，是指学生通过听和读接触英语语言材料以及学生通过说和写来进行表达。语言输入的量越大、质量越好，语言输出的能力就越强。可见，输入是输出的基础。

输入优先原则的主要依据是埃利斯对外语学习中对待语言输入的三个方面特点的总结和归纳：①可理解性，是对所输入语言材料的理解。②趣味性和恰当性，指学习者对所输入的语言材料要感兴趣。③足够的输入量。足够的输入量在英语教学中也至关重要，但目前英语教学对此点有所忽视。

基于埃利斯对语言输入三方面特点的总结，在英语教学中坚持输入优先原则要注意以下几个方面：

第一，注重输入内容和输入形式的多样化。输入形式可以包括声音、图像、文字等，语言题材和体裁要内容广泛、来源多样。例如，利用在日常生活中每天都会接触的文具、衣服、道路标志、电器等就可以帮助学生潜意识中学到许多英语。

第二，教师可以通过视听、听和读等多种手段，尽可能多地让学生接触英语，多给学生可理解的语言输入。教师应该打破课内外的界限，利用声像材料的示范、贴近学生日常生活和学习、适合学生的英语水平、具有时代特色的读物等，扩大学生的语言接触面，增加学生的语言输入，以利于学生更好地学好英语。

第三，着重强调学生的理解能力，为学生提供的语言材料要切合学生的实际情况，具有可理解性与趣味性。向学生输入的材料要符合学生的现有水平，只要求学生理解，不必刻意要求学生即刻输出。从教学方法而言，这也坚持了先输入、后输出的原则。然而仅依靠语言的输入不可能掌握英语并形成综合运用英语的能力，还需要适当的口头和笔头的表达来检验和促进语言的输入。

第四，鼓励学生进行模仿。有效的模仿是模拟生活中的真实情景，注意语言结构所表达的内容。换句话说，模仿最好是让学生身临其境去使用所要模仿的语言。例如，在结对练习、小组练习的时候，让学生根据实际情况使用所学习的语言，才能把声音和语言的意义结合起来，学生才会在课外运用所学语言。模仿是在优先输入语言的基础上，对语言进行的有效练习和输出实践。

四、兴趣性原则

在高校英语教学中，教师应意识到兴趣的巨大作用，尽可能调动学生的内在动机，激发学生对英语学习的主观愿望，以获得更好的教学效果和学习效果。在英语教学中，教师可从以下几方面入手来调动学生的学习兴趣：

第一，尊重学生的主体性，充分了解学生的特点。教师必须清楚地认识到学生是英语课堂的主体，学生通过积极主动的尝试与创造，才能获得认知和语言能力的发展，教学活动也才能达到预期的效果。教师要根据学生的心理和生理特点，遵循语言学习规律，采用多种教学方式，让学生通过体验和实践进行学习，从而形成语感，提高交流能力。

第二，改变强调死记硬背、机械操练的教学方式及传统的英语测试方式。英语学习需要一定的死记硬背和机械操练的活动，但是如果机械性操练太多太滥，则很容易使学生降低甚至失去学习英语的兴趣。为此，教师应该以学生感兴趣的方式帮助学生获取知识，使他们在获得交际能力的同时，综合素质也得到相应提高。

第三，对教材进行深度挖掘。教师在备课过程中，应认真地研究教材，挖掘教材中学生感兴趣的内容与话题，使每节课都有让学生感兴趣的内容和活动，以最大限度地调动学生的积极性。

五、系统性原则

在英语教学过程中要遵循系统性原则，目的是使学生对所学内容能有比较系统、完整的概念，在各部分知识之间和新旧知识之间建立有机的联系，在消化所学内容时思路清晰而有层次。具体来说，系统性原则主要涉及以下几点：

（一）系统安排教学工作

英语教学工作的安排要有计划性，要求做到以下几点：

第一，教师要有计划地备课。例如，一篇课文要上八课时，在备课时要一下子备完，不能今天上两节课就备两节课的内容，要一次备好。

第二，教师的讲解要逐步深入、条理分明、前后连贯、新旧联系、突出重点，一环套一环、一课套一课，形成一个有机而系统的体系。

第三，教学的步骤和培养技能的方法应该符合掌握语言的过程。要根据课程的最终教学目的，由易到难，逐步提高要求。

第四，练习布置要具有计划性。要先进行训练性练习，然后再进行检查性练习。此外，练习的形式要具有体系性，相同的练习形式也要有不同的要求。

第五，布置课后作业和讲课的重点应当密切结合。每次作业要有明确的目的，课内课外要通盘考虑。

第六，要经常检查学生掌握知识和技能的情况，每堂课要有一定的提问并做相应的记录，这可以对学生起到督促的作用。对于学生的平时成绩不能仅凭教师的印象来评定，因此对学生平时所做的口、笔头作业要有记录。

（二）系统安排教学内容

英语教学内容的安排要有严密的计划和顺序。教师应该按教科书的安排特点和班级的情况合理组织讲课的内容，确定讲课的重点。当出现一个生词时，不要急于一次把这个生词的所有意义、用法全部教给学生。当教授一条新的语法规则时，不要一次向学生交代有关这条规则的全部知识，要将知识分步教给学生。教学内容的安排应该服从教学的系统。这样才能由浅入深、由易到难、由分散到系统。

（三）系统安排学生学习

教师要指导学生进行连贯的学习。学习要循序渐进，要经常、持久连贯地学习。因此，教师在教育学生时要有恒心，经常及时地带领学生进行复习和做好功课。此外，教师还要指导学生正确处理好平时和期末的关系。必须向学生明确，即将学习重点放在平时，平时训练要从难从严。坚决反对那种平时学习不努力，期末考试临时抱佛脚、突击开夜车的做法。此外，教师还要经常关心和指导学生的学习方法，并针对学生的个人特点因材施教。

六、真实性原则

学者鲁子问指出，在英语教学中，坚持真实性原则就是要在教学各个环节做到真实，以培养学生综合语言运用能力为总目标，以交际法和任务型教学为策略，在真实环境中获得真实语言能力。语用真实是真实性原则的重要内涵。

在英语教学中，教师要实现语用真实，应做到以下几个方面：把握真实语言运用的目的、采用语用真实的教学内容、设计组织语用真实的教学活动、设计语用真实的教学检测评估方案。

（一）把握真实语言运用的目的

英语教学的最终目的是培养学生的综合语言运用能力，这种能力实际上就是一种语用能力。这里的语用目的是指教学内容体现在语用能力方面的教学目的，主要表现在以下三个方面：①语句的语用功能目的；②对话语篇的语用功能目的；③短文语篇的语用功能目的。

（二）采用语用真实的教学内容

在教学开始之前，教师应从语用的角度对课文进行详细全面的分析，研究语句使用的真实语境，准确把握课文中所有语句的真实语用内涵，选用语用真实的例句与练习，这样就可以在教学前就指向语用教学，从而保证学生能够获得语用真实的英语运用能力。

（三）设计组织语用真实的教学活动

对学生语用能力的培养应贯穿于整个英语教学过程，因此教师应基于语用真实的指导思想来设计教学活动，将语用能力的培养与呈现、讲解、例释、训练、巩固等课堂教学活动紧密结合起来。

（四）设计语用真实的教学检测评估方案

教学检测评估对教与学都具有重要的作用。设计语用真实的教学检测评估方案，可以找出学生的语用能力存在的不足之处，从而对教学进行有针对性的调整与改进。此外，语用真实能引导学生在学习中更加自觉地把握学习内容的真实语用内涵，强化学生运用英语的自我意识。

七、课内外活动相结合原则

在教学实践中，要遵循课内与课外活动相结合原则，主要是因为二者之间存在的互补性，具体体现在以下两方面：

一是课外活动具有自愿性和选择性，学生可以根据自己的兴趣爱好自愿选择参加感兴趣的活动。课内活动一般是非自愿的，也是无法自由选择的，课内活动必须按照规定的教学大纲有序进行，一般具有统一的课程和课时，这样可以保证全班同学在相同的教育过程中保持相同的步调，既有利于培养学生个性的共同点，又有利于学生系统地习得语言知识。而课外活动则基本上是以学生的兴趣为主，遵循学生的自愿性进行。

二是课外活动是真正以学生为中心，由学生独立进行和完成的教学活动，教师只是在有需要的情况下提供适当的帮助，因此课外活动更能发挥学生的主动性和独立性，更能培养学生自主学习的能力。相对而言，课堂教学活动则具有一定的局限性。尽管我们一直提倡课堂教学要以学生为中心，但实践起来并非易事，往往会遇到各种各样的实际困难。

根据目前我国高校的英语教学现状，为了更好地将课堂教学与课外活动相结合，发挥它们的互补作用，我们就要在优化课堂教学的同时，加强课外活动，具体可从以下两方面着手：

第一，激发学生在课堂活动中的主体积极性。课堂教学实际上是教师与学生以教学影响为中介的交互作用过程，这个过程能否发挥交互作用效果，很大程度上取决于学生的主体积极性。因此，如何激发学生的主体积极性就成为贯穿英语课堂教学始终的问题。

第二，减少课堂教学时间，提高课堂教学效益。就目前我国的高校教学来看，课堂时间总量太大，课外活动时间过少是普遍现象。我们提倡高校应减少课堂教学时间，增加课外活动时间总量。与此同时，要提高课堂教学的效益，即师生以最少的时间和体脑耗费取得最大的教学效果，只有在减少教学时间的同时提高教学效益才能保证整体的教学质量。

八、合理使用母语原则

在英语教学中，教师应当提倡学生多说英语、多用英语，但这并不意味着不能使用母语。在英语课堂上可以合理使用母语，利用母语优势帮助学生理解学习过程中的难点，这对提高教学效果有利无害。合理使用母语原则，包括在英语教学中利用母语的优势和避免母语的干扰两个方面。

（一）利用母语的优势

教师在英语教学中要学会利用母语的优势，借助汉语对一些词义抽象的单词和复杂的句子加以解释。英语学习是在学生已经熟练掌握母语之后进行的学习实践，学生在英语学习之前对时间、地点及空间等概念已经形成，已学会了表达这些概念的语言手段，况且英汉两种语言在结构和使用方面也存在许多差异，这些语言文化差异往往会造成学习英语的障碍。因此，利用母语的解释可以帮助学生更快、更好地学习和掌握英语的某些概念。适当地使用母语进行教学，有助于学生理解母语和英语之间的差异，了解英语结构和规则的特点，有助于师生之间的顺利沟通和深化对语言差异的理解和消化，从而提高学习效果。

（二）避免母语的干扰

母语交际先于英语第二语言的学习且已基本上被学生熟练掌握。英语学习是个相当复杂的过程，母语的使用习惯可能会给英语学习带来障碍。在学习英语的过程中适当使用母语，用母语简单讲授英、汉两种语言在某一结构、某一用法上的差异和特点是可以的。但对母语优势的利用一定要掌握一个“度”，避免将母语的使用规则迁移到英语的使用上。如果过多地或一味地使用母语，会在很大程度上给英语的学习带来不利。在英语教学里利用和控制使用母语，要注意以下几个方面：

第一，目前而言，科学的发展、教学方法的改进和现代教学手段的运用，多用母语作为教学手段的效果日益减弱且劣势日益明显。英语教师结合现代化教学设备，运用更加直观的教学手段有更大的创造空间。

第二，在英语教学中，学生对所学英语词句的理解是相对的。理解包括知道这些语言现象及其隐藏在现象后的本质。在初始阶段，没有必要引导学生过分追求本质，这主要是由于英语的很多用法是习惯问题，很多时候用逻辑推理不通。

第三，在英语教学中，教师应控制使用母语，尽量用英语上课。要充分考虑教师运用英语的能力、学生的理解能力和接受效果，教师尽量用教过的英语讲话，也可借助图画、实物、表情、手势等直观手段，还可以将关键词写在黑板上，使师生的交际能力在课堂教学中得到有效的提高。

总之，英语教学的过程要成为有意识地控制使用母语和有目的地以英语作为语言交际工具和媒介的过程，坚持合理使用母语原则才能更有效地优化教学效果。

九、最优化原则

在英语教学中，最优化原则体现在某一方面知识内容的教学中，在几种教学媒体都可用的情况下，选用教学效果最好的媒体；教法选择最优化；结构安排最优化；角色搭配最优化；具体运用最优化。针对在非母语环境下进行英语教学的现状，努力营造轻松自然的语言氛围，促进语言习得。因此，多媒体软件和课件要便于学习者操作和控制。具体来说，课件的内容、布局、导航图标性能、菜单功能设计及学习者的自由度，是影响学习者操作和控制课件的主要因素。为了提高学习效率，减少学习者的焦虑感，增强他们的学习兴趣和信心，课件应该从学习者的需要出发，尽可能地使课件方便使用。

十、精讲多练原则

精讲多练原则既肯定了讲和练的作用，又明确了讲和练的地位。讲涉及的是语言知识，练涉及的是语言技能。

（一）语言知识促进语言技能的培养

既然英语教学将交际能力作为培养目标，那么实践性就是英语教学的特点之一。在英语课上必须以语言实践为主，课堂上绝大部分时间要用于实践。但是适当地传授语言知识，可以帮助学生更好地进行实践，提高学习的效果。语言知识讲授的范围、深度、方法和时机，要由语言实践和教学的需要来决定。

在初级阶段的英语教学中，教材简单并且每课只包含有限的句型和单词，通过反复直接练习就能熟练地掌握。本阶段的教学重点是引导学生养成运用英语的习惯和正确的学习方法。语言材料的有限性，使语言知识的讲授对学生的学习没有多大帮助。当英语教学向高级阶段推进，学生需要学习更多的句型和单词时，教师就需要让学生利用单词或句子间的关联来学习，并且从一些语言材料里总结出语法规则。在这一阶段，语言知识的讲授对学生才能发挥出应有的作用。然而，此时还是要注意精讲多练，不能喧宾夺主。

在英语教学的后期，语言知识的讲授有助于培养学生的自学能力。不是所有一切都在规则的统领之下，有时候最常用、最简单的单词，往往具有不合常规的词形变化和发音规则。这就要求学生多模仿教师，教师不要急于引导学生过多地追问为什么。精讲多练是学习英语稳妥而有效的方法，但随着学习进程的推进和学习内容的复杂化，就很有必要通过适当地讲授一些语言知识来发挥思维理解的作用。

（二）将交际融于操练

语言操练并不等于语言交际，前者关注的是语言形式，使学生在语言操练里掌握语言形式；后者关注的是语言内容，将形成与内容结合，实现语言的交际功能。

1. 语言操练是交际能力培养的手段

英语教学中的语言操练包括以下三种练习形式：机械练习，如句型操练等；有意义的操练，如围绕课文或情景所进行的模仿、问答、复述等；交际性操练，如联系自己的生活实际，利用课文里的词句叙述自己的思想、表达课文学习后的体会等。这三种练习形式在难度、与语言交际的接近程度都在递进，体现出由操练到交际的进程。英语教学的目的是培养学生的英语交际能力，而不是使学生掌握语言形式。但是培养学生的交际能力，必须借助语言操练这个手段。二者对于英语教学目的的实现都非常重要，缺一不可。语言操练和语言交际相互联系、相互区别，有时没有明显的分界线。教师每次讲授新材料时，都要先进行机械练习，再进行有意义的练习，最后进行交际性练习，使学生最终能运用所学的新材料进行交际。不能把语言操练和语言交际对立起来，而是要看到它们之间的联系，一步一步地将语言操练推向语言交际。

2. 将交际场合迁入课堂练习

教师应尽量将交际场合迁入课堂练习，使课堂练习接近语言交际。教师应该创造一定的情景，多给学生一些用英语进行交际的机会，鼓励学生带着表情和肢体动作进行英语交际，要像演戏一样将生活中的交际场合搬进课堂练习。在这个过程的开始阶段，性格内向的教师和学生可能觉得不好意思，但是随着练习的增多，他们会逐渐习惯这种情况并觉得很自然。教师借助适当的表情、肢体动作进行英语交际，不仅能增加说话的力量，还能够激发学生的兴趣，帮助学生记忆，从而提高教学效果。

3. 将交际形式迁入课堂练习

教师应尽量将交际形式迁入课堂练习，使英语课堂教学模拟日常生活中的交际形式，为学生在日常生活中使用课堂上所学的英语创造条件。日常交际形式包括下面一些：问候、打招呼；会话；自言自语；讲故事；对人、物、画面的介绍；请求、命令；解释或说明事物或问题；演说、做报告；作文、写信。英语教学可以采用这些形式的课堂练习，课堂上将生活里常见的交际形式训练到自然的程度，学生的交际能力就会逐渐提高。

英语课堂的活动包括教师组织教学，讲解单词、课文和语法，布置作业，对学生进行评价和考核，学生请教师解答疑难问题等，所以教师和学生不缺乏用英语进行交际的机会。教师要努力将所学英语用到师生间的交际中去，积极扩大使用英语的阵地，这样学生运用英语的能力和习惯才能养成。在注意课堂上用英语进行操练的同时，教师还要注意引导学生在课外活动和生活中使用英语。操练服务于使用，使用是对操练的检查和扩展。只有将操练和使用相结合，英语教学的目的才有可能实现。

第三章　高校英语教学模式

第一节　高校英语教学模式的内涵

以网络多媒体为代表的现代信息技术为高校英语教学创造了良好的环境。如何使网络多媒体技术与高校英语教学有效整合，是当前教师关注的中心问题。但是，在探究这一问题之前，首先需要弄清楚基于网络多媒体的高校英语教学模式的内涵。

一、教学模式

“教学模式”这一概念自诞生以来，受到了很多人的关注。不同学者从不同的层次和角度出发，对教学模式进行了研究和探讨。下面主要对教学模式的界定、结构、功能、分类等进行梳理，弄清楚教学模式的基本内容，才能让读者更深层次地了解网络多媒体教学模式。

（一）教学模式的界定

1972 年，美国学者乔伊斯和韦尔在他们的《教学模式》一书中首先提出了“教学模式”这一概念。在《教学模式》一书中，作者对当时流行的 25 种教学模式进行了总结，并对这些教学模式进行了划分，归纳为社会型教学模式、信息加工型教学模式、行为系统型教学模式、个人型教学模式四大范畴。一般认为，这一教学模型的研究是最早的。同时，两位学者是以结构序列、反应原则、社会系统、辅助系统四方面作为框架来构建教学模式的。此外，乔伊斯和韦尔明确指出他们研究的目的是“试图系统地探讨教学策略、教学目的、教学材料、课程设计以及社会与心理间的相互影响，以设法对使教师行为模式化的各种具有选择性的类型予以考察”。

受乔伊斯和韦尔的影响，很多研究者开始对教学模式进行研究。20 世纪 70 年代末，美国北佛罗里达大学的保罗 · D. 埃金等人合著的《课堂教学策略——课堂信息处理模式》一书就是受到上述两位学者的影响，经过教学实践而撰写成的。同时，美国的很多大学专门开设了与教学模式相关的课程，一些心理学及教育学的书对教学模式也做了专门讨论。

我国学者在 1984 年后才开始对教学模式进行研究，国内学者对教学模式一词有不同的见解。迄今为止，并未形成一个统一的看法。在教育学领域，有人认为教学模式是一种特殊的教学手段；有人认为教学模式是与特定任务相关的教学程序与方法的体系。

李定仁认为，“教学模式是根据教学规律、教学思想而形成的在教学中必须遵循的稳固的教学程序与方法的策略体系，包含教学过程中各个要素的组合形式、教学程序及其他与之相关的策略。”

张正东认为，“教学模式是由理论支持的教学活动的操作框架，它可能根据一定的教学理论构成，也可能是根据实践经验构成。”

隋铭才认为，“英语教学模式是对语言教学理论或与英语教学过程各个主要因素本质及相互关系等的形象化阐释。”

对于上述各种界定，笔者更倾向于李定仁的观点。首先，教学模式不仅是一定教学理论、教学思想的反映，还应与教学客观规律相符。这是因为，即使是在现今的教学思想、教学理论指导下建构的教学模式，如果不能与客观实际相符，那么就不具有应用价值。其次，李定仁还吸纳了“教学模式是教学程序及其方法的策略体系”这一观点，并指出策略体系包含的内容。这是因为将教师、学习者、教学材料、教学手段、教学组织形式等融合为一体，可使教学模式更具有操作性和直观性。

因此，可以将英语教学模式界定为：在一定的教学思想、教学理论的指导下，或者以英语教学实践作为基础，为实现某些特定英语教学目标而形成的稳固的教学程序及方法的策略体系，包含教学过程中各个要素的组合方式、教学程序及其与之对应的教学策略。

（二）教学模式的结构

从上述定义中不难看出，不同学者对教学模式有不同的界定，但是他们在当前教学模式的结构认知上基本趋于一致，只是表述不一而已。笔者参照李定仁关于教学模式的结构分析，将其结构分为教学思想或教学理论、教学目标、操作程序、教学条件、师生结合、教学评价六个部分。这六个部分是相互蕴含、相互关联的，共同构成一个完整的教学模式。

1. 教学思想或教学理论

任何教学模式都建立在一定的教学思想和教学理论基础上。有的教学模式是在长期的实践中形成的，虽然可能开始没有明确的教学理论作为依据，但是对教学经验进行研究、分析和概括时，总是需要一定的指导思想。

2. 教学目标

教学模式往往都会指向一定的教学目标，是为达到或者实现某些特定教学目标而制定和设计的。例如，自主学习模式的目标在于帮助学习者改变脑力劳动的片面性，以学生作为学习的主体，通过学生独立分析、探索、实践、质疑、创造等方法来实现学习目标，逐步培养学习者的自主学习能力。

3. 操作程序

操作程序是根据教学活动开展的逻辑步骤、实践序列展开的。不同的教学模式，其操作程序也不同。操作程序是教学模式得以存在的重要条件。

4. 教学条件

教学条件是指根据一定的教学目标，使教学模式产生效果的各种条件。不管是何种教学模式，都有一定的限制条件。只有在这些限制条件下，教学模式才能发挥效用。教学条件涉及多个层面的内容，如教师、学习者、教学材料、教学时空、教学媒介等。例如，网络自主学习模式需要有网络课程、网络教室等教学条件的支持。

5. 师生组合

教学是教师教授、学生学习的统一活动。在这一活动中，教师和学习者扮演着不同的角色，具有一定的地位，彼此也会发生相互作用。教学模式不同，其师生组合的形式也会不同。例如，在自主学习模式中，教师是学生活动的指导者、协作者，其扮演的角色是对学习者进行帮助和指导，而学习者的角色是在教师的指导下完成自学活动，是自己学习的监控者、探究者和知识意义的建构者。

6. 教学评价

教学评价也是教学模式的一项重要内容，包含教学评价的标准和方法。教学模式的程序、目标、条件不同，其评价标准和方法也不一样。一个教学模式，一般都会对评价标准和方法产生影响。例如，罗杰斯的非指导性教学模式是帮助学生达到更大程度的个人的综合和现实的自我鉴定，教学的学习评价主要是学生的自我评价。这种自我评价使学生更能为自己的学习负起责任，从而更加主动、有效、持久地学习。

（三）教学模式的功能

作为教学理论与实践的中介和桥梁，教学模式一方面能够以简化的形式表达一种教学理论和思想，便于人们利用和把握；另一方面，教学模式能够为教学使用者提供实现教学目标的程序、条件，从而使他们不断改进教学方法和过程。从总体上来说，教学模式不仅具有理论的功能，还具有实践的功能。一般来说，教学模式主要包含如下五大功能：咨询阐释、描述组建、诊断预测、示范指导、系统改进。

1. 咨询阐释

作为教学理论的简化，教学模式可以运用简明的语言文字、象征性的符号对教学理论的基本特征、基础等进行阐释，使教师更加迅速、直观地领会和把握教学模式的精神，从而更好地完成教学任务。教学模式的咨询阐释功能的发挥，有助于教学理论的传播和普及。教师对教学模式理论的把握和操作的理解，有助于其增强驾驭教学模式的信心，使教师自觉接受教学理论的指导，克服教学活动的盲目性，使教学更具有效性。

2. 描述组建

教学模式将那些实践中证明行之有效的教学经验筛选出来，经过简化和概括，组建成一种稳固的活动程序和结构框架，用以对某些特定教学活动所涉及的各个因素及其相互关系进行描述。教学模式的组建往往需要建立在某一主题上，这就使得教学模式具有强大的个性特点和凝聚力。经过教学模式组建的教学理论，不仅是精练的部分，还是典型性、可行性的部分。一名优秀教师，应该能够利用教学模式的描述组建功能，对不论是自己的还是他人的成功的教学经验进行升华和加工，使这些教学经验成为一般理论，最终提升教学理论的概括层次。

3. 诊断预测

教学模式的诊断预测功能指的是教学模式能够对教学结果进行预见和预期。与教学模式的功能目标、理论基础、操作程序、实施条件进行对照，可以对教学活动进行诊断，从而发现教学中的一些问题，如教学中的实施条件不完备、教学目标不明确等问题，可以查找原因，从而找到改进的办法。

4. 示范指导

教学模式为一定的教学理论在教学实践中运用规范便于操作、较为完备的实施程序。初任教师如果掌握一些常见教学模式，那么他们就有了展开教学的武器，可以更快过渡到独立教学，从而大大降低尝试错误、盲目搜索所浪费的精力和时间。教学模式的示范指导功能，目的是教给教师展开教学的途径，并不限制或者扼杀不同教师的创造性。教师在运用这些途径时，可以从具体的情境和教学条件出发，形成适合的教学模式变式。教学模式的示范指导作用对青年教师而言也非常重要，有助于青年教师尽快展开独立教学，快速融入规范化、正常的工作程序中。

5. 系统改进

通过运用教学模式，教师可以使教学活动更系统化。为了适应新的教学目标，教师就需要在教学条件、教学程序上做一些更改，同时教师也需要提高自身的教学水平，使教学模式得以转化，用最完善、有效的教学模式取代落后、僵化的教学模式。教学模式的系统改进功能是建立在教学系统观的理论基础上的，其要求以系统、完整的眼光来看待教学模式的改进。教学系统改进功能的发挥有助于带动师生关系、课堂教学、教学管理、教学评价等内容发生改变。

（四）教学模式的分类

国内外不同学者根据教学模式的共同特点和不同特点，将一些教学模式归类和区分，从而对教学模式做了不同的划分。

乔伊斯和韦尔从教学模式的理论根源出发，将教学模式划分为社会型教学模式、信息加工型教学模式、行为系统型教学模式、个人型教学模式。这在前面已有所述，这里就不再赘述。

小安格林等人将教学模式划分为两种：一种是以个体定向的教学模式；另一种是以群体定向的教学模式。

美国著名学者安努克与纳特豪根据教学过程的特性，将教学模式划分为发现学习模式、控制教学模式、理性模式三种。

俄罗斯教育家巴班斯基列举了几种具有代表性的教学模式：程序教学型教学模式、讲解—再现型教学模式、再现—探究教学型教学模式、问题教学型教学模式。

我国学者甄德山根据师生活动的不同强度，将教学模式划分为启发式教学模式、注入式教学模式、范例式教学模式、问题式教学模式、放羊式教学模式。其中注入式教学模式往往需要强度最大的教师活动，而学习者的强度则最小；放羊式教学模式恰恰与注入式教学模式相反。

王策三将教学模式划分为三种：第一种是教师对学习者进行系统的传授书本知识的教学模式；第二种是教师对学习者予以辅导，让学习者从活动中学习的教学模式；第三种是处于前面两种教学模式之间的折中教学模式。

此外，有学者将教学模式划分为非理性教学模式、认知教学模式、程控教学模式、社会学教学模式、整体优化教学模式、导学式教学模式；也有学者将教学模式划分为系统接受式教学模式、师生问答式教学模式、融系统接受与主动发现于一体的教学模式、自主发现式教学模式；还有学者将教学模式划分为归纳教学模式和演绎教学模式。但是需要明确的是，这些划分都是针对一般的教学模式来说的。

二、基于网络多媒体的英语教学模式

分析了教学模式的界定、结构、功能及分类，下面就进一步分析什么是基于网络多媒体的英语教学模式。作为一种教学模式，其内涵主要涉及教学思想和教学理论、计算机网络技术、英语教学目标、英语教学资源、教学活动结构框架和教学方式等五大层面。

（一）教学思想和教学理论

如前所述，任何教学模式都是建立在一定教学思想和教学理论基础上的。同样，教学思想和教学理论也是网络多媒体教学模式的灵魂和基石。也就是说，基于网络多媒体的英语教学模式需要依据一些教学思想和教学理论，这些思想和理论可以从两个层次来分析：一是宏观层次，二是中观层次。宏观层次主要是建立在哲学思想的教育学理论上，其主要内涵覆盖了教育心理学、教育学、教育技术学、学科教学论等；中观层次是基于英语教学的各种教学法，如语法翻译法、听说法、任务法、交际法等，而各种教学法也离不开理论的指导。

（二）计算机网络技术

基于网络多媒体的英语教学模式与传统教学模式相比，其最大优点在于计算机网络技术的参与。由于信息技术的发展，英语教学中的师生交流方式、信息呈现方式等都发生了重大改变，且人们已经形成了一个共识：

网络多媒体技术并不是万能的，再先进的技术也需要教师的辅助，即教师需要对学生进行督导、监控及情感层面的支持。就英语教学层面来说，最为合理的方向是充分发挥计算机网络技术在多媒体化信息呈现、信息查询、网络交流等方面的优势，辅助教师完成教学，减轻教学压力，也让教师有更多的精力和时间对存在差异的学习者进行情感交流和个别监督，解决他们的问题。也就是说，网络多媒体与教师都有其自身的优势，因此在英语教学中应该将二者的优势都充分发挥出来，使学习者能够从低阶语言能力转向高阶语言能力。计算机网络技术在英语教学中的工具作用主要有如下几种：

1. 知识演示与传输工具

计算机具有明显的多媒体特征，其在英语教学信息的呈现中也具有明显的优势，可以通过文字、图像、图片、声音、视频、动画等多种传递方式。目前，英语教学也多提倡使用网络多媒体教学，目的是能够为学习者提供更多刺激感官的信息接收形式，从而促进学习者的记忆和理解，同时还能够增强教与学的趣味性。

2. 交流工具

当前，网络已经成为一种普遍的交流工具，在英语教学中也普遍运用。基于网络的英语教学交流工具有很多，如社交媒体平台、即时通信软件等，这些都为教师、学习者提供了便利。

3. 个别辅导工具

人机交互式网络多媒体作为个别辅导工具所具有的一大特色，主要体现在各种交互类的外语学习课件中。目前，计算机网络技术作为个别辅导工具主要具有个别指导、操练和练习、学习监测和反馈等功能。

4. 教学信息记录工具

计算机网络可以将教师与学习者的各种与教、学相关的信息记录下来，这些信息可以为评价教师的教学行为、分析学习者的学习情况和进度、帮助教师和学习者进行反思等提供数据。

5. 学习情境创设工具

计算机网络技术可以为学习者创造真实的学习情境，通过逼真的语言环境，促使学习者进行探究和思考。

6. 教学管理工具

随着计算机网络技术在教学领域的应用更加广泛，计算机管理教学也应运而生。简单来说，就是运用计算机网络技术来帮助学校和教师进行教学管理。

7. 教学资源储存工具

计算机具有强大而便利的储存工具，这也逐渐成了英语教学资源的储存仓库，储存的内容包含课程课件、师生电子档案、电子教案、文献资料、多媒体语料库等。

8. 学习认知辅助工具

为了提高学习者网上学习的效率，网络查询引擎、在线电子词典、电子笔记本等被开发出来，这些计算机网络技术的学习认知辅助工具，可不断提升学习者的学习效率和效果。

（三）英语教学目标

任何学科教学都离不开教学目标，基于网络多媒体的英语教学也不例外。教学对象不同，确定的教学任务、教学目标也不一样，其选用的教学模式也必然会不同。例如，对听力教学而言，以提高学习者理解和记忆能力的教学目标适用于采用人机交互型教学模式。如果教学目标是为了让学习者掌握知识，那么教师可以采用以传递为主的教学模式；如果教学目标是培养学习者的思维和运用能力，那么网络写作项目、网络英语角等人机互动教学模式更为符合。当然，采取什么样的教学模式并不仅仅取决于教学目标，还涉及教学任务、教学内容、教学环境、教学对象等因素。

（四）英语教学资源

基于网络多媒体的英语教学的教学资源主要是以文本、音频、图片、视频、动画等形式呈现的数字化教与学的支持内容，是辅助教师展开教学的直接工具，也是学习者获取知识的直接途径，这些也构成了基于网络多媒体的英语教学模式的核心要素。无论是什么样的形式，教学资源本身的难度、选材等都应该从学习者的实际情况出发。与传统的纸质教学资源相比，基于网络多媒体的英语教学资源更易于共享、易于更新，且能够海量存储。

（五）教学活动结构框架和教学方式

在宏观与中观教学思想、理论的指导下，需要将教师、学生、网络多媒体技术、教学资源等融合起来，形成具体的教与学的干预措施，包含教学内容的顺序、学习内容的组织、媒体呈现的设计、教与学的安排与设计等，这些都属于教学活动结构框架和教学方式的内容。

三、高校英语教学模式的分类及应用

随着网络多媒体技术的深入和发展，新的英语教学模式不断涌现，并不断应用于高校英语教学中。这些教学模式对于基于网络多媒体的高校英语教学模式有重要意义。下面重点探讨网络多媒体环境下的高校英语教学模式的分类及其应用。

（一）高校英语教学模式的分类

基于网络多媒体的高校英语教学模式有很多种，较为常见的教学模式有基于问题的教学模式、小组协作教学模式、网络探究教学模式、基于案例的学习模式、基于项目的学习模式、探究学习模式、基于资源的学习模式、个性化学习模式等。限于篇幅，下面主要对基于问题的教学模式与网络探究教学模式展开探讨。

1. 基于问题的教学模式

所谓基于问题的教学模式，是指将英语教学或英语学习置于有意义的、复杂的问题情境中，通过让学习者解决实际的、复杂的问题，来学习隐含于问题中的语言技能、要点及文化，从而建构自己解决问题的能力。

在基于问题的教学模式下，应该注意教师、学生与问题这三个要素间的特点和关系，作为学习者初始的动力和挑战，必须有明确的界定，且具有足够的吸引力来促使学习者解决问题。同时，基于问题的教学模式还有助于建立学习动机，并建立起后续学习的联系和需要。作为主动解决问题者，学习者需要积极主动地参与、完全投入英语学习之中，积极地进行意义的构建。作为指导者和促进者，教师需要对问题进行设计，积极有效地激发、鼓励学习者进行思考，使他们持续参与其中。

基于问题的教学模式主要由五个环节组成，即确定问题、分析问题、解决问题、结果展示、学习评价。在这一过程中，教师往往发挥着帮助、促进、指导的作用。

在具体的实施中，基于问题的教学模式主要分为以下五个阶段：

（1）创设情境与提出问题

根据实时的教学要求和内容，教师要利用网络多媒体技术提出问题，创建具体的学习任务。一般而言，提出的问题需要符合如下几点：具有相应的问题情境描述，引发学习者的学习兴趣；明确问题导向，要清楚学习重点，且有清晰的实施过程；难度适宜，以原有的综合性知识为前提，从而探究新的知识。另外，学习者要在问题提出的基础上，从学习重点出发，对任务进行进一步的细化。

（2）界定问题和分析问题

明确问题之后，学习者需要根据自己的理解和把握来对问题进行界定和分析。然后，在分析的基础上确定问题的重点、问题的本质，形成小组，对任务进行分工，从而找出可能的行动方案和建议。

（3）探究问题和解决问题

确定学习任务的分配后，学习者要通过多种途径来收集信息，并对收集的信息进行整体分析和归类。另外，学习者之间应该相互合作与交流，逐渐形成解决问题的方案。

（4）分工合作和完成任务

各小组成员根据分工的要求，完成各自的任务，并运用网络多媒体形式展开如何解决问题的过程和结果。

（5）任务评价和结果反馈

小组成员对他们完成任务的成果进行共享，同时进行自我评价与小组间评价。评价主要针对的是任务完成情况中各个成员的表现。之后，教师需要对这些评价进行总结和反馈，对学习者提出以后努力的方向。

2. 网络探究教学模式

网络探究教学模式是由 Web 与 Quest 两个名词组成的，前者的含义为“网络”，后者的含义为“探索、寻找”。作为一种对学习活动进行探究的具体形式，网络探究教学模式主要是建立在互联网强大信息资源的基础上，来训练学习者的探究能力。在网络探究教学中，教师最大限度地运用网络资源来发现英语教学中的未知问题，探究解决问题的方法，让学习者学会建构知识。

网络探究教学的目的是让学习者充分利用时间，使用信息并帮助学习者对各种信息资源进行分析与综合。按照学习探究实践，网络探究教学模式可以划分为两种：短期网络探究教学模式与长期网络探究教学模式。前者强调对知识的整合和获取，学习者获取一定量的信息之后会主动建构知识，该模式大多可以运用于日常英语教学。后者强调对知识进行提炼和扩展，学习者通常需要就某一特定任务和课题来进行有计划的分析和信息重组，该模式一般持续时间较长，适用于小组课题研究。

对于网络探究教学模式的设计，一般需要遵循以下四大原则：

（1）寻找合适的网站

在该模式中，教师帮助学习者寻找合适的网站具有重要意义。这是因为，合适的网站能够为学习者提供恰当的学习材料，使课堂学习能够进一步延伸。在寻找合适的网站中，教师需要注意如下三点：第一，熟练运用搜索引擎；第二，深度挖掘网页信息；第三，善于对已发现的优秀网站进行收藏。

（2）协调组织学习者和学习资源

在网络探究教学模式中，协调组织学习者和学习资源是最重要的部分和内容，需要多加重视。具体而言，教师需要做到如下两点：

第一，组织好学习者，即网络探究教学应该与和谐的小组学习环境有关，从而将学习者很好地协调起来。协调和组织学习者应包括角色协调、积极互动、协作互助、分工负责等。

第二，学习资源的合理安排和有效组织。网络多媒体上的资源是非常丰富的，因此如何对这些资源进行组织是非常重要的，也是需要关注的。一般而言，对学习资源进行优化有两种情况：一是硬件的完善，二是软件的应用。如果教学中没有足够的电脑设备，那么教师应该采取恰当的措施来弥补；也可以在硬件条件下按照一定比例来对学习中心进行设置，让学习者轮流使用。在软件的应用上，教师应尽可能地让学习者了解各种与外语学习相关的网站，这样他们才能对各种软件进行灵活运用。

（3）激发学习者的思考

在网络探究学习中，需要激发学习者的思考，这可以从以下三点做起：

第一，使任务更具挑战性。任务的设计和选择需要考虑任务完成的难易程度，这种程度不仅体现在学习者对任务的理解程度，还体现在学习者对问题的解决能力、判断能力、创新能力。

第二，使任务更具真实性。任务设计需要与现实生活接近，尤其是任务的主题需要从社会实践活动中来，同时还需要确保任务活动具有可操作性，使学习者能够学会应用于现实生活的语言技能。

第三，使任务更具全面性。任务的设计需要考虑全面，通过任务，学习者能够学会全面地看待问题，提升学习者解决不同问题的能力。

（4）选用媒体

网络探究教学模式不仅限于对网络资源的使用，教师还需要充分利用刊物、书籍等媒体，从而实现学习者探究学习的目的。在媒体选择上，教师应该注意以下三个方面：

第一，注意互联网不仅是一种计算机的网络，更重要的是包含人与专家资源在内的网络。

第二，注意学习过程中与他人的交流，学习者可以通过网络交流平台与他人进行信息的交流，完成网上的互动。

第三，注意学习内容的合理选择，网络多媒体环境可以提供无限量的学习资源。如果选用合理，那么就可以提高学习者的学习效率，否则就是对网络多媒体内容的滥用。

（二）高校英语教学模式的应用

《高校英语教学指南》指出："高校英语教学应遵循外语学习规律，根据教学内容的特点，充分考虑学生个体差异和学习风格，运用合适、有效的教学方法。教学方法的选择使用要体现灵活性与适应性，目的是改进教学效果，提高学习效率。"根据《高校英语教学指南》的要求，在信息时代大学英语教师的教学方法应该与时俱进。这是因为，传统的教学方法已经不能与新形势相符。当前基于网络多媒体的高校英语教学模式必须坚持以学习者为中心。教育部已经决定在全国部分高校展开该模式的教学试点，下面举例来说明网络多媒体环境下的高校英语教学模式的应用。

基于网络多媒体的高校英语教学模式实现了"一对一"的教学思想。面对一台计算机，就如同学习者面对一位英语教师，学习者可以尽情地听这位"教师"进行讲解，随意与这位"教师"进行交流。根据《高校英语教学指南》，不同学校需要结合自身的情况，巩固学习者的基础知识，培养不同学习者的自主学习水平与综合应用能力。

在选材上，除了选用基础的大学英语教材外，一些高校还选用教学软件系统作为大学英语网络多媒体教学系统。教学由课堂的多媒体教学与课后的上机自主学习构成。课上，教师利用多媒体课件，展现出声像结合、图文并茂的优势，设计出形象、有趣、生动的参与性活动，使学习者逐渐成为课堂的主角。同时，教师在设计情境的过程中发挥指导的作用，真正做到寓教于乐。课后，学习者从自身情况出发，依靠网络学习系统选择适合自己的学习，还可以利用计算机对听说能力进行反复操练，而教师还需要有步骤、有计划地给学习者布置和检查作业，并解答学习者遇到的问题，最后进行测验等，从而大大提升自身的综合能力。

网络多媒体环境下的高校英语教学模式与学习者习以为常的学习模式不同，所以在学习之初部分学习者会出现难以适应的情况，但随着逐步适应与领会，学习者对教学形式与内容的满意程度也逐渐上升；对于网络教学系统和多媒体课件，由于其生动、鲜活及集多种感官于一体，学习者由最初的兴趣浓厚逐渐转变成兴趣消退，因此随着学习者接触的材料越来越丰富，学习者对网络教学系统和多媒体课件的满意程度逐渐降低；从对教学效果的满意程度上不难看出，80% 以上的学习者对新的教学模式都是肯定的。

第二节　高校英语教学模式基础理论

基于网络多媒体的高校英语教学模式是现代科技、语言学、教育学、认知科学等发展到一定阶段的产物，也是对传统语言学、教育学的理论、观念、思想、方法论的继承和发扬。对基于网络多媒体的高校英语教学模式的研究首先就需要探究其理论基础。也就是说，基于网络多媒体的高校英语教学模式与其他相关理论密切相关。

一、基础理论

基于网络多媒体的英语教学首先是建立在基础理论之上的，涉及哲学理论、传播学理论、方法论、绩效论、美学理论、教育学理论、心理学理论。下面对这几个理论展开分析。

（一）哲学理论

哲学是一切社会学科、自然学科、思维学科的理论基础。基于网络多媒体的高校英语教学当然也离不开哲学理论的指导，尤其是辩证唯物主义的方法论和认识论。在构成基于网络多媒体的英语教学的理论基础中，人本主义与技术主义是其最深层次的哲学基础。在基于网络多媒体的英语教学模式中，应用哲学的观点有助于处理和对待教师与技术的关系、教师与学习者的关系、传统教学手段与现代教学手段的关系、传统学习资源与数字化网络资源的关系等，这些都有助于保证网络多媒体技术在高校英语教学模式中的运用。

（二）传播学理论

传播学主要研究的是人类的一切传播行为，以及在传播过程中发展、发生、传播的人与社会的关系、社会信息系统及其运行规律的科学。20 世纪 30 年代以来，传播学逐渐成了跨学科研究的产物。当传播学被运用于教学领域，则被称为“教育传播学”。教育传播是教育者与被教育者间通过传播媒介，进行信息交流的过程。传播理论与网络多媒体技术辅助英语教学的关系主要体现在：传播理论归纳和阐释了英语教学传播过程中所涉及的各种要素、信息传播的基本规律、信息传播的基本阶段等层面，这为优化英语教学过程、高效地传播英语教学信息提供了重要的理论支持。

（三）方法论

方法论是对具体的科学方法的总结和概括。科学方法即人们正确地理解现象和文本、获取可靠的信息的方法。科学方法体现了科学的精神，尤其是科学的理性精神、实证精神及审美精神等。方法论是在系统科学的基础上建立起来的，因此也可以称为“系统科学方法”，而系统科学的前身是20世纪发展起来的控制论、信息论及系统论。基于这三论，加之研究者对其他相关学科的探究，逐渐构成了现代系统科学方法论体系。英语教学是一个教学信息的传递过程，信息的传递效果往往会受到传递方式、信道容量等的影响和制约。基于网络多媒体的高校英语教学模式是对教学过程进行有效控制，从而获取及时的反馈信息，对教学策略和教学进度予以调整和修订，从整体上优化教学过程，为获取理想的教学效果而努力。

（四）绩效论

“绩效”一词的原本含义是“能力、性能、工作效果、成绩”，包含工作质量、工作数量、获取的效果收益等。20世纪60年代，美国首次将绩效技术作为一个专门课题进行研究。经过几十年的发展，关于绩效论的研究也不断深入，“绩效”逐渐成了国际教育界研究的前沿课题，也引起了国内外学者和实践者更广泛的关注和重视。在网络多媒体技术辅助高校英语教学模式中引入绩效论是时代发展的必然要求。在基于网络多媒体的高校英语教学模式中，绩效技术包含设计、分析、实施、开发、评价等内容。在高校英语教学实施的过程中，学习者需要投入更多的精力与时间，方法应用是否得当往往与学习者的学习效果成正比。同时，还需要考虑教师的投入与产出，尤其是二者的经济价值比问题。教师应用绩效技术来设计教学方案和教学内容，可以更好地体现经济性、适应性、可行性等基本原则。

（五）美学理论

美学理论最初的含义是对感官的感受，即从人对现实的审美关系出发，以艺术作为主要对象来研究美丑、崇高和低俗等审美范畴及人的美感经验和审美意识。基于网络多媒体的高校英语教学模式更具直观性和形象性，其从内容到形式都强调通过艺术美、教学美、科学美等来对教学信息进行传达，将艺术魅力体现出来。美学贯穿于基于网络多媒体的高校英语教学的全过程，在教学中创设美的意境，将深奥、抽象的内容艺术化、形象化，通过生动有趣的表现手法使知识更具有感染力。艺术美往往体现在多媒体教材上，如色彩搭配、构图、音乐节奏等。这些都是艺术美的体现，但是英语教学中的美更加突出真实性，即要真实、准确地将教学内容的科学性表达出来，将语言本质的客观规律揭示出来。

（六）教育学理论

教育学首要的任务就是对一般的教学原理进行研究。长期以来，人们对教育学进行了研究和探索，将大量的教学规律也总结和揭示出来，在教学目标、教学基本原理、教学方法、教学内容、教学模式、教学评估、教学策略等层面都取得了丰硕的成果。基于网络多媒体的高校英语教学模式也同样是建立在教育学理论的基础上，对教学模式、教学资源、教学方法、教学手段等进行研究。教育学与网络多媒体辅助下的高校英语教学模式也有着密切的关系。

（七）心理学理论

心理学主要研究的是人类认识世界、获取知识、获取技能等的心理规律和心理机制。心理语言学从认知能力、信息处理的角度对语言的学习与运用进行研究，从而对英语教学模式产生一定的指导。心理语言学与外语教育心理学主要研究的是学习者如何习得外语知识和技能等。基于网络多媒体的高校英语教学模式依据的是心理学、心理语言学与英语教学的相关原则，更高效、科学地帮助学习者掌握语言知识和技能，发挥学习者的个性和智力潜力，提升自身的语言交际能力。

二、语言学理论

基于网络多媒体的高校英语教学模式深受语言学理论的影响，特别是受社会语言学理论、应用语言学理论、第二语言习得理论、交际语言教学理论的影响更为突出。

（一）社会语言学理论

社会语言学兴起于 20 世纪五六十年代，涉及语言学、人类学、社会学、社会心理学、大众传媒、交际学等学科的边缘学科，主要研究的是语言与社会的关系问题。社会语言学的研究范围非常广泛，根据研究对象的不同，可以将社会语言学分为微观社会语言学与宏观社会语言学。微观社会语言学主要研究的是社会发展过程在语言中的反映，性别、种族、年龄、教育水平、社会阶级等因素与语言的关系等。宏观社会语言学主要研究的是语言规划、语言政策、双语教育、语言规范化等整体性、全局性的问题。

现代的英语教学深受社会语言学理论的影响。如前所述，该理论强调语言习得的社会性，将语言学习视为某一特定语言团体中进行社会交际和实践学习的过程，因此在语言学习过程中教师要重视为学习者提供真实性强的社会交际机会，使学习者能够对社会需要的语言技能加以训练。

基于网络多媒体的高校英语教学模式中的交际活动、跨文化学习、合作式学习等都是社会语言学理论的体现，不仅为学习者提供了真实的语言学习环境，也将这一语言学习团体扩展到全球的范畴，逐渐使语言学习成为最新的活动形式。

（二）应用语言学理论

应用语言学理论是由波兰语言学家库尔特内于 1870 年提出的，但是这门学科直到 20 世纪 40 年代才建立起来，到了 20 世纪 60 年代该学科得以蓬勃发展。应用语言学是一门交叉学科，也涉及很多边缘学科，即结合了信息论、心理学、社会学、计算机科学、控制论、教育学等多门学科，根据社会的实际需要，对语言进行多方面、多层次的研究。

从广义层面说，应用语言学指的是将语言学知识运用于对实际问题的解决上，包含标准语的建立、语言教学、辞书编纂、翻译等。从狭义层面说，应用语言学仅仅指的是语言学理论应用于语言教学，尤其是第二语言的教学。

随着社会的进步，语言学研究在不断加深，应用语言学的研究范畴也逐渐扩大，其研究范围突破了语言教学与语言学习的界限，扩展到语言规划、语言信息处理等层面。

在网络多媒体时代，信息处理已经成为人们日常生活的一部分，而语言是人类信息最重要的载体，因此应用语言学与自然语言的计算机处理有着密切的关系。网络多媒体辅助下的高校英语教学模式必然与应用语言学理论密切相关。

（三）第二语言习得理论

20 世纪 60 年代末，第二语言习得理论作为一门学科诞生，发展至今已经有50多年的历史了。与其他学科相比，第二语言习得研究属于一个新的领域，该理论的主要派别可以分为三大类：先天论、环境论及相互作用论。第二语言习得理论涉及三大领域：学习者内部因素研究、学习者外部因素研究、中介语研究。

第二语言习得理论是在认知科学的理论上建立起来的。从认知科学出发，第二语言习得是人类先天存在的语言习得机制。克拉申提出的第二语言习得理论的核心是:“习得—学得”区分假说、自然顺序假说、监控假说、输入假说、情感过滤假说。

1.“习得—学得”区分假说

在这五大假说中，“习得—学得”区分假说是最基本的假说。所谓“习得”,是指学习者无意识地、自然地、不自觉地去学习语言的过程。通过“习得”，学习者可以获取语言知识和语言能力。所谓“学得”，是指学习者有意识地、正式地、自觉地去学习语言的过程。通过“学得”，学习者可以获得语言规则。

2. 自然顺序假说

克拉申的自然顺序假说是指无论在母语习得过程中，还是在其他语言习得过程中，儿童都要遵循一个预定的顺序，有些语法结构的习得较早，有些语法结构的习得较晚。当然，这种预定的顺序与语言教学的顺序并无多大关系，只是一个习得的顺序。

3. 监控假说

克拉申的监控假说将“习得”与“学得”在第二语言能力发展中的作用区分开来，前者主要用于语言输出，培养自己的语感，从而在交际中说出流利的语言；后者主要用于语言监控，即监控学习者的语言输出过程，从而检测出在交际中学习者是否运用了准确的语言。一般来说，这种监控可能是在语言输出之前发生，也可能在语言输出之后发生。另外，克拉申还指出学得的监控作用非常有限，并不是无限的，其监控需要受三个基本条件的限制：

（1）具备充足的时间；

（2）着重于语言形式，而不是语言意义；

（3）对语言规则要基本了解。

在这些条件的基础上，克拉申根据监控力度的不同将学习者分为三种类型：一是监控过度的学习者；二是监控欠足的学习者；三是监控合理的学习者。当然，只有监控合理的学习者才能在恰当的时机、恰当的场合运用监控进行编辑和校正，从而保证输出的质量和速度。

4. 输入假说

克拉申的语言监控理论的核心在于输入假说。他指出，学习者要想获得“可理解性输入”，就要求其输入不能过于简单，也不能过于困难。可理解性输入有其自身的公式，即“i+1”，其中 i 代表学习者现有的语言能力，1 代表比现有语言能力略高的信息。当学生对略高于现有语言水平的语言规则有一个清楚的了解之后，其才能够习得第二语言。

总体而言，输入假说包含以下四项内容：

（1）与习得有关，与学得无关；

（2）学习者只有理解了略高于现有水平的语言规则，才能习得第二语言；

（3）当进行理解输入时，“i+1”模式会自动包含在内；

（4）语言能力并不是通过教育掌握的，而是无意识地、自然地产生的。

5. 情感过滤假说

克拉申的情感过滤假说是将情感因素纳入第二语言习得的理解中，认为情感变量会影响第二语言习得，包含学习动机、焦虑感、自尊心、自信心等。这些情感因素会造成不同学习者的第二语言习得差异。

早期的第二语言习得是专门针对第二语言学习的研究，近些年的第二语言习得研究扩大到第一语言外的任何语言的学习的研究。其研究方法也分为理论研究和实证研究两大类，其中后者分为定性和定量研究两类，并贯穿于第二语言习得研究的整个过程。基于网络多媒体的高校英语教学模式研究改变了传统的研究模式，也使新的研究模式得以诞生。网络多媒体技术可以完成传统教学模式无法完成的任务，如计算机可以运用新方法对学习者的语言进行科学测定。

（四）交际语言教学理论

交际语言教学理论是建立在海姆斯的交际能力理论与韩礼德的功能语法理论的基础上的。这一语言交际观将语言视为表达意义的体系，其主要观点主要涉及以下三个层面：

（1）人际功能和交际功能是语言的主要功能；

（2）语言的结构能够对语言的功能和交际用途进行反映；

（3）语言的主要单位不仅仅是结构和语法，还涉及交际范畴和功能。

英语教学既强调对语言知识进行学习，还强调对语言应用能力进行培养；除了强调语言结构要具有准确性，还强调语言使用要具有恰当性。

以交际语言教学理论作为导向的英语教学的特点是以学习者为中心，以培养学习者的交际能力为目标，注重培养学习者通过语言交际的实践活动来提升他们的语言技能。交际法认为意义是非常重要的，认为教学活动应该围绕交际功能来展开，对师生间、生生间的互动关系尤为注重，提倡教师应该设计角色扮演、游戏、小组活动等任务型学习活动来帮助学习者在有意义的情境中运用语言。可以说，交际法强调语言材料的真实性，反对僵化的、脱离实际的语言。

基于网络多媒体的高校英语教学模式提倡以交际语言教学理论为指导，从而为高校英语教学提供理想的教学环境和技术支持，对听、说、读、写、译等技能进行整合，模拟真实语境，为学习者提供大量真实的语言，促进学习者培养自主学习能力，实现有意义的语言输入和输出。

三、建构主义学习理论

20 世纪 90 年代，建构主义理论在美国兴起，它是多学科交叉发展的必然结果，具有体系复杂、流派众多等特点。由于受不同思想来源、不同学科的影响，不同的研究者有着不同的理论倾向，并因此形成的建构主义理论也有所差异。但是综合所有的建构主义理论，发现有一个共同观点：知识是由认知主体主动建构的过程，而不是被动获得的。这一观点也就成了建构主义的第一信条。

建构主义认为，语言知识不是通过教师的传授就能学到的，而是学习者在一定的情境，即在社会文化的背景下，利用必要的学习资料，借助他人的帮助（包括教师和学习伙伴），通过意义的建构过程而获得的。建构主义理论的目的不仅在于将人类认知的能动性揭示出来，还在于揭示人类认知对经验、环境等的作用，并且强调认知会随着环境的改变而改变，这些对教学而言有着十分重大的意义。建构主义理论越来越成为国内外深化教学改革的重要指导思想。

建构主义理论的演进非常复杂，其思想源于 18 世纪初意大利学者维柯、哲学家康德的理论，但是皮亚杰与维果斯基是建构主义学习理论的先驱。下面就对这两位学者的理论展开分析。

（一）皮亚杰的建构主义学习理论

皮亚杰是一位心理学家，他是认知发展领域最有影响力的一位学者。他通过长时间对儿童认知发展的观察和研究，创立了关于儿童认知发展的学派。他认为，对新知识的掌握是一种智力活动，而每一种智力活动都含有一定的认识结构。对智力行为来说，外界的刺激与主体的反应二者之间的关系应当是双向的。基于此，皮亚杰的建构主义认为，发展就是个体在与环境不断相互作用中的一种建构过程，其内部的心理结构是不断变化的。

为了更好地解释他的这一理论，皮亚杰最早引出了图式（schema）的概念。图式是指个体对世界的知觉理解和思考的方式，也可以把它看作心理活动的框架或组织结构。图式是认知结构的起点和核心，图式的形成和变化是认知发展的实质。

皮亚杰认为，认知的发展要受到三个过程的影响，分别是同化、顺应和平衡。

同化是指主体把外界的刺激整合到自己原有的认知结构内的过程。一定的外界刺激只有被相关主体同化于他的认知结构内，他才能对之做出反应。

顺应也称“顺化”，是指主体的认知结构因受到被同化刺激的影响而发生变化的过程。一切认知都离不开认知结构的同化和顺应作用。同化是认知结构数量的扩充，而顺应则是认知结构性质的改变。

平衡是指个体通过自我调节机制使得认知发展由一种平衡状态过渡到另一种平衡状态中的过程。

认知主体正是通过同化与顺应这两个基本过程来达到与周围环境的平衡：当儿童能用现有图式去同化新信息时，他处于一种平衡的认知状态；而当现有图式不能同化新信息时，平衡即被破坏，修改或创造新图式（顺应）的过程就是寻找新的平衡的过程。

皮亚杰提出了“S→（AT）→R”公式，来说明一定的外界刺激（S）被个体同化（A）于其认知结构（T）中，才能对刺激（S）做出反应（R）。他认为，学习就是个体与环境相互作用的结果，是个体能动地实现建构的过程。学习的结果既是对某种刺激做出的反应，也是认知对认知图式的重新建构。

“同化”是认知结构数量的补充，而“顺应”是认知结构性质的改变。可见，二者存在的明显的区别，就在于质与量上。通过同化与顺应，认知个体可以实现与周围环境的平衡。当儿童能够运用固有图式对新信息进行同化时，他们就处于一个平衡的状态；如果儿童无法运用固有图式对新信息进行同化时，他们的平衡就会被破坏，因而不得不对图式进行修改或者创造新的图式。儿童的认知结构就是通过同化与顺应过程逐步建构起来，并且在“平衡—不平衡—新的平衡”这样一个循环中得到不断的丰富、提高与发展。

（二）维果斯基的建构主义学习理论

苏联著名心理学家维果斯基被认为是建构主义学习理论的鼻祖。维果斯基（1997）认为，建构主义学习应该是一种社会性、交互性的协作学习，知识是个体在与物理环境的交互中建立起来的，但其社会性的交互（协作）更加重要。学习的社会性强调学习的社会环境，强调教师、学生、任务或活动之间的相互动态作用。

此外，他还认为，文化在学习者认知发展过程中十分重要，并提出“最近发展区”这一著名论断。

维果斯基对个体发展的两种水平进行了区分。

（1）现实的发展水平，即学习者通过个体努力所达到的水平。

（2）潜在的发展水平，即学习者个体在他人的帮助下所达到的水平。

“最近发展区”是现实发展水平与潜在发展水平之间的区域。在这一理论基础上，以维果斯基为首的维列鲁学派还对“活动”及“社会交往”对人的高级心理机能发展的作用进行了深入的分析和探究。总之，维果斯基等人的研究就是对建构主义理论的丰富和强化，为建构主义理论应用于教学提供了一定的理论指导。

（三）建构主义学习理论对高校英语教学模式的启示

首先，基于网络多媒体的高校英语教学的功能和特性为建构主义学习提供了理想的环境。网络多媒体技术为建构主义理论提供了技术层面的支持，所体现的建构主义教学的真实性、社会性和主动性三大原则有助于创设真实的情境，为超越时空、地域的协作学习创设了良好的条件。网络多媒体交互式学习环境、大量的链接信息、多重感官的综合刺激对于学习者认知结构的形成和发展有着重要的推动作用。简单来说，情境、协作、会话、意义建构在网络多媒体环境中得到了充分体现。

其次，在网络多媒体环境下，应该倡导以学习者为主体的教学合作、教学结构、探究式教学模式。

再次，学习者是意义的主动建构者，教师应该引导学习者使用发现法、探索法等对意义进行建构，并要求学习者能够主动分析资料、搜集信息，敢于提出自己的假设并努力验证，使学习者能够将新旧知识结合起来。

最后，教师要激发学习者的学习积极性和学习兴趣，帮助学习者形成适合自己的学习动机，创设与语境相符的教学内容，提供与新旧知识相联系的线索，为学习者自主学习和自主研究提供更多的资源。同时，师生之间、生生之间也应组织协作学习，通过讨论与交流来引导学习者发现规律，加深学习者对所学内容的把握。

四、行为主义学习理论

行为主义学习理论源于俄国生理学家巴甫洛夫的“条件反射”这一概念。受这一概念的启发，很多学者开始从理论和实验两个层面来对儿童语言习得进行探讨。其中，美国学者华生与斯金纳就是这一理论的典型代表和践行者。

（一）华生的行为主义学习理论

美国著名的心理学家华生是行为主义学习理论的创立者。20世纪初期，他提出了运用客观的手段来分析和研究那些可以直接观察到的行为。在华生看来，人与动物一样，任何复杂的行为往往都是由于受外界因素的影响，并通过自身学习而获得，这时候就存在一个共同的因素——刺激和反应。基于此，华生提出了“刺激—反应”（S-R，即 stimulus-response）这一著名的行为主义心理学公式。

（二）斯金纳的行为主义学习理论

美国学者斯金纳对华生的行为主义学习理论进行了继承和发展，并在《言语行为》（Verbal Behavior，1957）一书中明确提出了行为主义对言语行为系统的观点和理论，该书也表明行为主义学习理论对于语言学习的重要作用。

在斯金纳看来，人们的言语和言语中的部分内容往往会受某些刺激，这些刺激可能来自内部，也可能来自外部。反复不断的刺激所产生的强化效果会使人们学会合理利用与语言环境相适应的语言行为。“重复”在语言学习中是不容忽视的。

行为主义学习理论在美国占据时间较长，对于当前的教育机制也有重要意义。例如，在学习中，学习者为了避免某种惩罚而停止某种行为，为了获得表扬而继续某种行为；教师为了干预和改变学习者的某种行为而不断提升学生的知识和技能。

（三）行为主义学习理论对高校英语教学模式的启示

对高校英语教学模式而言，行为主义学习理论有着重要的指导意义。具体而言，主要体现为如下几点：

1. 即时反应

反应必须出现在刺激之后，如果两者相隔时间太长，那么反应就会被淡化。

2. 重视重复

重复练习能够进一步加强学习者的学习和记忆，使行为发生比较持久的变化。

3. 注意反馈

教师应该让学习者清楚地知道反应是否正确，即时给出反馈，这种评价对学习者来说是大有裨益的。

4. 逐步减少提示

在减少学习者学习条件的情况下，教师应该让学习者的反应向期望的程度发展，从而引发学习者顺利完成既定任务。

总之，行为主义学习理论促进了前文提到的视听教学、程序教学及早期 CAI（计算机辅助教学）的发展。但是，行为主义学习理论也存在着一些缺点和不足：它是对人类学习的内在心理机制的完全否定，将动物实验的结果直接生搬硬套地推到人类学习上，忽视了人类能够发生主观能动作用，其实际上是走向了环境决定论和机械主义的错误方向。

五、人本主义学习理论

人本主义心理学产生于 20 世纪 60 年代，埃里克森、马斯洛和罗杰斯等是这一时期的典型代表。在这些学者看来，教育的作用主要体现在为学习者提供一个自由、安全、富有人情味的心理环境，帮助他们实现固有的优异潜能。

可见，人本主义强调内心世界的作用，认为整个心理发展的前沿地位在人的情感、思想、情绪等层面。与精神分析学派、行为主义学派相比，人本主义心理学派强调人的终身发展和自我实现，反对精神分析学派和行为学派那种将人的心理低俗化和动物化倾向。

（一）埃里克森的人格终身发展论

在埃里克森看来，人的自我意识发展需要持续一生。他将自我意识的形成和发展分为八个阶段，如表 3-1 所示。

表 3-1　埃里克森的自我意识形成和发展的八个阶段

阶段	年龄时期	具体内容
第一阶段	婴儿时期	根本的信任感与不信任感
第二阶段	儿童早期	自主性对怕羞、怕怀疑
第三阶段	学龄早期	直创性与内疚感
第四阶段	学龄中期	勤奋对自卑
第五阶段	青年前期	自我同一性对角色混乱
第六阶段	青年后期	亲密友谊对孤独
第七阶段	成年前期	来自后代对迟钝呆板
第八阶段	成年后期	自我完善对沮丧颓废

这八个阶段的顺序是根据遗传学决定的，但是每一个阶段能否顺利度过往往会受到环境的制约，所以这一理论被称为“心理社会阶段理论”。

总之，埃里克森的人格终生发展论为不同年龄段的教育提供了教育内容和理论依据。任何一个年龄段的教育出现失误，都会对这个人的终身发展产生不利影响。可以说，任何一个年龄段的教育都是不可忽视的，这一理论也揭示了人们为什么会变成现在这个样子，以及人们的心理品质是积极的还是消极的，从而让人们不断对自己进行反思和改进。

（二）马斯洛的自我实现论

学者马斯洛认为，人类行为的心理内驱力并不是人的本能，而是人的需要。马斯洛将人的需要分为两大类。

（1）缺失需要

这是人与动物都共有的，可引起匮乏性动机。一般来说，当这类需要得到了满足，那么他们的紧张感就会消除，兴奋性也会逐渐降低，因此也就导致失去了动机。

（2）生长需要

这是人类所特有的，可引起生长性动机。一般来说，当这类需要得到满足之后，个体就会进入心理自由状态，体现人的价值、本质及所产生的幸福感。马斯洛将这一需要称为“顶峰体验”。另外，马斯洛认为，人类不仅有真善美的内在本性，还具有一些共同的道德标准和价值观念。而要想达到人的自我实现，首先就需要对人的自我意识或自知能力加以改善，从而使人们认识自我内在的价值和潜能。而人本主义心理学的思想就在于促进人的自我实现。

基于此，马斯洛对学习者“自我实现”这一学习动机的问题提出了一些策略，主要包含以下几点：

（1）避开过去

在学习中，学习者应专心投入，避开之前事件所产生的影响。对于那些成绩较差的学习者，他们应该避开自认为学习不好的观念，否则他们就很难进步。

（2）防止并克服“低俗化”与“约拿情结”这两种心理障碍

“低俗化”的心理障碍认为自己已经看穿了整个世界，因此不相信任何神圣、美好的东西；“约拿情结”的心理障碍是害怕和畏惧一切神圣、美好的东西。这两种障碍对于语言学习都会造成不利影响，因此都应该克服。

（3）保持积极接受的态度

保持积极接受的态度就是要求学习者在学习时既要全神贯注，又要主动思考，同时还需要他人的帮助和接受他人的意见。通过虚心接纳，他们会学到很多东西。

（三）罗杰斯的自我理论

罗杰斯对马斯洛的观点进行了发展和深化。在罗杰斯看来，人的需要、人的尊严、人的价值都是客观存在的，然而传统心理学却否定了这一观点，将人进行物化处理，这很明显是不科学的。在对人的心理进行研究时，罗杰斯强调要树立这样的观念：人具有本性、主体性、独特性，这些都是以主体的形式存在的，这就是所谓的“自我”。

“自我”属于认知范畴，包括自我的知觉和特点及所有与之相关的总和，但是“自我”这一概念并不是所有条件的任意堆砌，而是需要按照一定的顺序、一定的组织对各个部分进行结合的知觉模型。

另外，罗杰斯还提出了“自我实现”的三个阶段。

（1）映射阶段

在该阶段，人的自我发展是建立在外界要求的“映射”这一条件下。

（2）混乱阶段

当学习者具有一定的自我意识时，学习者往往会产生与教师观点相悖的情况，这时候就很容易导致学生很难理解教师的要求。

（3）自我实现阶段

当学习者的自我意识战胜了教师的需求，并且对自我价值、自我能力有一个清晰的认可，那么他们就能够做出准确的决定和判断，从而向着自己的目标迈进。

（四）人本主义学习理论对高校英语教学模式的启示

人本主义心理学强调人要经历三个过程，即自我指导、自我发展和自我实现。将人本主义心理学运用到教学领域就是倡导以学习者为中心，将学习者的认知与情感相结合，营造出一种轻松、愉悦的心理氛围。可见，人本主义心理学更强调教学过程，而不是教学内容；强调教学方法，而不是教学结果。教学中要以学生为中心，教师则只是学习的促进者、协作者或者伙伴、朋友，学生才是学习的关键，学习的过程就是学习的目的之所在。

高校英语教学本身具有特殊性。在语言教学的过程中，教师要始终以学习者为中心，贯彻人本主义思想。正如罗杰斯所说，促进学习者学习的关键并不在于教师的专业知识、教学技巧、演示与讲解、课程计划、视听辅导教材等，而在于特定的心理气氛因素，其存在于教师与学习者之间。

在教学过程中，教师个人的感召力、性格、素质等都会对教学产生一定影响，而这些往往在设备和技术上不会体现出来。这就要求教师在利用计算机的基础上，发挥个人的潜力和优势，不断提升自己的知识水平和个人素质，不能仅仅满足于对计算机的熟练操作，并隔着网络与学生建立联系，这样才能使自己不成为网络多媒体的奴隶。

此外，基于人本主义学习理论，教师应该注意意义学习与过程学习的结合，既让学习者在做中学习，也能让学习者学会如何学习。这有利于在学习过程中处理好学与做的关系及教师与学习者的关系，让学习者的学习更为有趣。

第三节　高校英语教学模式的发展

我国与国外教育界加强学术交流与合作使我国的英语教学无论是在实践还是在理论研究方面都取得了丰硕的成果，特别是计算机辅助语言学习为高校英语教学带来了革命性的变化。我国高校英语教学发展历程中，所采取的主流教学模式大致可归结为三种：①以教师为中心的传统课堂教学模式；②计算机辅助语言教学模式；③以教师为主导、学生为主体的教学模式。

一、以教师为中心的课堂教学模式

从20世纪70年代中期到90年代中期，我国高校英语教学实践活动主要以教师为中心。在该模式下，教师确定学习内容、安排学习进度等，教学设计侧重知识点之间的线性设计。纸质教材、黑板和粉笔等是教学所采用的主要教学媒体。此外，还有幻灯机、录音机和磁带等视听媒体。不过，教师可利用的资源不多，主要有半导体收音机、电视外语节目和传统语音实验室。课堂语言教学采取语法翻译法教学为主、课后学生进行重复性语言操练为辅。教学的基本要素是“教师、学生和教材”。在教学评价方面，强调学生对所学知识的掌握情况，以终结性评估为主。

以教师为中心的课堂教学模式主要表现为以下几种形式：

第一，语法翻译式。其主要特点是学生在课堂上以掌握英语知识为主，特别是词汇、语法等方面的知识。在该教学方式下培养出来的学生独立学习能力不强，始终依赖教科书和教师，学生自主、自愿接受英语知识的机会很少。

第二，听说式。其核心是将听说放在首位，先用耳朵听，后用口讲，经过反复的口头操练，最后熟练地脱口说出教师提供的句型。这种教学模式忽视学习者的认知能力在外语学习中的作用。机械性的操练不利于学生在现实生活中运用所学的知识。

第三，答疑式。教师将学生提出的问题分类，上课时详细讲解学生所提问题当中具有典型性的问题和内容。对于不具普遍性的问题，则进行个别辅导。在某种程度上，这种教学模式更关注学生个性方面的问题，体现因材施教的教学原则。

二、计算机辅助语言教学模式

从20世纪中后期到21世纪初，计算机的介入使传统的高校英语教学进入了计算机辅助语言教学时代，计算机作为重要的教学媒体走上了英语教学的舞台。除传统的教学媒体外，计算机辅助教学成为高校英语教学领域的一大特色。该模式强调以学生为中心的教学结构，注重新旧知识的非线性结构安排和多媒体组合，将磁带、广播电视节目、视频光盘、计算机等作为教学资源。此外，随着信息技术的逐步成熟，传统的语音室被改造成计算机多媒体语音室，普通的教室升级成多媒体教室，教学功能大大增强。

计算机辅助语言教学模式带来许多优势，主要体现在以下几个方面：

第一，教学信息更加丰富、语言教学更加直观、生动。多媒体技术集图文、声音于一体，方便教师灵活换教学内容。在以教师为主导的课堂教学过程中，教师利用多媒体后授课效果更生动，教学内容更容易为学生所接受。

第二，学习时空得到外延与拓展。打破了传统英语课堂教学的时空界限，构建了一个开放的教学空间。借助多媒体助学光盘，学生可以不受课堂教学时空的束缚，学习时间机动灵活、可长可短，由自己灵活掌握。如果遇到语言难点，学生可以借助计算机反复学习，直到弄懂为止。

第三，教师指导下的学生自主学习能力开始引起重视。计算机辅助语言教学模式不仅可以在某种程度上缓解因扩招所带来的师资短缺问题，而且可以在高校英语教学课时十分有限的情形下，方便教师通过教学任务来要求学生在课外培养和形成“自主学习”的能力。

第四，教师教学信念的变化。在传统的英语教学中，英语教师的角色基本上是“传道、授业和解惑”。在计算机辅助教学模式下，教师角色从单纯的知识传授者逐渐转变为教学课件的设计者、教学过程的组织者和引导者、知识传授的筛选者、课堂活动的幕后导演。这一变化要求教师与时俱进、更新观念，形成符合现代英语教学理论的教学信念。

然而有研究表明，这一阶段的英语教学也存在一定的不足。其中，最大的问题就是教师利用多媒体进行教学的理念转变还不够到位，在教学方法上准备不充分，高校英语教学实践中出现了极端现象：一方面是利用计算机多媒体进行教学的改革力度不大，理念转变不够，出现教学媒体技术的低值使用现象。例如，几十万元的设备只被当作“大录音机”来使用，有些多媒体英语课件只是教材的“电子搬家”、简单的文字加图片。另一方面又表现在滥用多媒体技术的现象，制造无效信息，分散了学生的注意力。例如，在具体的语言技能教学上，哪些技能的课堂教学需要多媒体设备、哪些不该用，以及如何合理用，没有合理的计划，以为使用了技术设备，就能提高教学效果。又如，有些教师在利用多媒体进行课堂教学时，很少板书或不再板书，只坐在教室前方，一边点击教学光盘、一边说课。由于教师与学生之间缺乏必要的情感交流，结果多媒体课堂教学成了变相的“机灌”教学，课堂气氛沉闷，不利于调动学生参与课堂活动的积极性。

总之，我国这一时期的高校英语教学模式逐渐由封闭式、单向性的知识与技能传播转向开放式和多向性，呈现出多元化的趋势，教学环境也呈现出开放性、交互性、协作性、多元性等特点，学生逐渐有机会在课外通过多媒体教学光盘等资源学习英语，提高英语运用能力。

三、以教师为主导、学生为主体的教学模式

进入 21 世纪以后，以计算机与网络为特征的信息技术有了迅猛发展，

此阶段也正是大力提倡利用现代信息技术开展外语学习的阶段。教育部所倡导的基于计算机和课堂的英语教学模式旨在解决学生语言应用能力低下，并缓解因大学扩招而带来的外语教育资源严重紧缺的问题。但是如果还只是把计算机当作辅助工具则很难达到高校英语教学改革的目的，于是以计算机网络为特征的信息技术开始与外语课程进行全面的整合，迈向了与外语课程融合并逐步走向成熟的阶段。

在教学过程中，教师与学生之间是平等、友好的关系。教学的基本要素是“教师、学生、教学媒体和教材”。教材是学生主动建构意义的对象，教学媒体是用来帮助创设情境、进行合作协商式探索的认知工具。

教学设计中充分利用数字化、网络化、多媒体化、智能化、信息化等信息技术创造良好的学习环境。同时，伴随网上即时通信技术的进步发展，在线实时异地交互得以实现。网络和交互性成为这一阶段教学媒体最大的特点和优势。学生不仅能在课外与教师随时进行互动，还能与其他学习者进行互动。对学习外语来讲，互动的过程就是学习的过程。另外，网络为外语学习提供了最新的与实际、与社会相接轨的学习资源。专题学习网站和多媒体网络课程等提供了系统化设计的集成学习资源。计算机辅助语言教学在我国还属于新兴的领域，有许多技术并不成熟，还需要广大学者、研究者进一步努力才能使这个学科更加繁荣。

可以说，在这一阶段我国广大外语教育工作者对于信息技术与英语课程的整合进入了深层探讨的时期，在促进学生的英语水平、英语教学质量提高等方面取得了发展，但是这个阶段的教学实践中也存在着有待进一步思考的地方。一是学生信息素养薄弱问题。信息技术教学环境下，学生身边充满各种各样的信息浪潮和信息媒体，但是学生利用信息技术工具获取信息、分析信息的能力却相对较低。在进行自主学习等相关学习活动的时候，学生会不由自主地偏离语言教学主题而进行一些其他活动。例如，在互联网切入网络课堂时，有些学生会浏览与教学内容无关的网页；有些学生甚至将游戏程序拷入所使用的计算机上，把“英语学习中心”当成“游戏室”；还有些学生在要求用英语进行在线交流时，在计算机的对话框中键入中文信息，偏离了英语会话的教学目的。二是新的教学模式与传统教学管理系统失调的现象。以教师为主导、学生为主体的高校英语教学模式强调信息技术与课堂面授相结合。然而，学校的教学管理系统，包括教学理念、方式、手段、评估等比较传统，教师感到困惑，出现了许多教学变体模式。尽管这些变体模式有一定的可取之处，但以教师为中心的传统教学模式没有变。

综上所述，我国英语教学模式的研究紧跟国际步伐，呈现多角度、繁荣发展的趋势。笔者认为，不管采用哪种英语教学模式，最基本的目标都应该是激发学生学习英语的强烈兴趣和动机，创造良好的英语学习环境，提供丰富的语言学习资源，重视学生学习策略形成和提高，帮助学生树立“在做中学”的学习理念，善于自己解决学习中的困难。

第四章　高校英语教学方法

第一节　交际教学法

交际法是20世纪60年代末70年代初英国的应用语言学家在否定结构主义教学法的理论基础上提出来的。其基本概念为“意念”“功能”“交际”。“交际教学法强调第二语言或外语教学的目的是使学生获得交际能力”。因此，教学以语言功能为对象，教学过程应该是学习用语言做事的过程，其最终目的是在不同的场合对不同的对象用目的语进行得体的交际。交际法是以语言功能为纲、培养语言交际能力的一种教学方法体系。由于交际能力常常被认为是运用语言来完成各种功能或表达各种意念的能力，所以交际法又称为功能—意念法。

交际法的产生与语言学理论的发展有着密切的关系，具体地讲，与人类语言学、社会语言学和语用学有密切联系。交际法产生和发展的这二三十年是语言学研究空前繁荣的时期。现代语言学及其边缘科学的迅速发展为交际教学思想的形成奠定了坚实的基础。其直接的理论动因为兴起于60年代的广义功能主义语言学，包括系统功能语法、社会语言学、语用学、篇章分析理论及跨文化交际学等。这些新兴学科的兴起，使人们开始考虑语言的使用和社会功能，以及使用语言的社会环境和文化背景。这些理论在教学上的体现就是注重交际能力，交际是人类自然语言最根本的功能，语言学习不仅应该重视结构、规则、形式的掌握，更应该强调语言的社会功能及学习者的交际需求。学生不仅应该学习必要的语言知识，还应该学会正确得体地使用语言。语言教学不应该以句子为单位，而应该以篇章为基本单位。语言学习实际上也是一个跨文化体验过程。这些成果构成了交际语言教学思想的核心。

交际法的语言理论基础主要来自社会语言学家戴尔·海姆斯的“交际能力”理论和英国语言学家韩礼德的功能语言学理论。20 世纪 50 年代末乔姆斯基在批判行为主义语言学理论的基础上，提出了“语言能力”的概念。美国社会语言学家、人类学家海姆斯认为，语言能力是一种处世能力，即使用语言的能力。海姆斯提出的交际能力包括以下几个方面：合乎语法、适合性、得体性、实际操作性。迈克·卡纳尔和美林·斯温又将戴尔·海姆斯的“交际能力”理论进一步扩展，包括语法能力、语言能力、语篇能力和策略能力。

韩礼德的功能语言学理论功不可没。他认为，语言是表达意义的体系，不是产生结构的体系。韩礼德进一步研究了语言的社会功能，他的意义潜能理论是对交际法产生重大影响的另一个核心理论。意义潜势是语言能够做事情的行为潜势的实现，换句话说，意义潜势是指“能够通过语言做事情”，表现在语言上就是“能够表达意义”。他从语言运用的角度提出语言有三大功能：认知功能、建立和维持人际关系的功能及连贯脉络功能。以往的语言学局限于研究认知功能，忽视后两种功能。在这种思想指导下的教学理论只注重语言形式训练，只求掌握认知功能，结果学生却不会使用语言，掌握不了交际能力。

与此同时，社会语言学的发展也大大开阔了人们对语言的认识视野。

突出的点就是语言的运用与许多社会因素有直接、密切的关系，似乎每个社团都有自己一套使用语言的规则：什么场合讲什么话，对什么人讲什么话，如何赔礼道歉，如何抱怨批评等，都是有某种规范的。甚至有人说，在得体性上的失误所造成的严重后果远远超过语法错误所引起的后果。

交际法的心理学理论是意念论。意念这个词属于心理学的范畴。思维是人的一种心理现象，作为人脑反映现实的思维活动形式，是人类共有的。人类的思维具有共同性和普遍性。操不同语言的各个民族有共同的意念范畴特别是比具体意念抽象程度更高一级的意念范畴，而人的思维又可以分为有限的意念范畴，各个意念范畴又可以分为若干个意念项目，意念项目还可以分为细目，同一个意念项目，各个民族又用几乎完全不同的语言形式来表达。常用意念项目及其常用的语言表达形式构成了某种具体语言的共同内核。因此，采用语言的功能进行教学就是运用这些共同的、有限的意念范畴以达到掌握一门语言的目的。由于人类的思维有共同的、普遍的意念范畴，所以常用意念项目就成为欧洲现代语言教学的共核，成为欧洲现代主要语言教学大纲的基础。由此，常用意念项目及其语言表达方式就成为现代语言教学的依据。交际法就在意念理论的基础上编写教学大纲。

除以上提及的语言学、心理学的发展外，欧洲又给它的出现提供了社会背景。70 年代初期欧洲共同体成立，各国之间的交往迅速扩大，而语言不通成了一大障碍，妨碍了布鲁塞尔机构的运转及西欧各国的交流。鉴于这种情况，欧洲文化合作委员会十分重视成人语言学习问题。此后，共同体的文化合作委员会召开会议，专门讨论成人外语教学问题，讨论制定欧洲现代语言教学大纲。在此期间，出现了一批极有影响的文章，中心思想是把语言看作人与人之间的交际工具。外语教学必须从交际目的出发来决定教学内容和科学方法。交际法的创始人是英国著名语言教育专家大卫·威尔金斯。他于 1972 年在第三届国际运用语言学会议上做了“语法大纲，情景大纲，和意念大纲”的报告，4 年后又相继出版了《意念大纲》和《交际法语言教学》，从而标志着交际法的诞生。其代表人物主要有大卫 · 威尔金斯、H.G. 威多森、C. 布伦特、C.N. 坎德林等。

交际教学法在外语教学实践中演化成为两个版本，即所谓强势和弱势，两者的主要区别在于如何看待交际与教学及如何对待语知识的问题上。强势交际观把第二语言 / 外语的获得看作交际活动的结果，坚持要直接通过交际活动习得（acquire）交际能力，认为外语教学的目的是使用语言学习（using the language to learn）；弱交际观认为，应该把语言作为交际工具来教，交际活动的目的是掌握目的语，认为外语教学的目的是学习使用语言（learn to use the language）。

交际法教学理论，主要包含三项原则：

1. 交际原则

涉及真正交际行为的活动能促进语言学习。

2. 任务原则

活动要求用语言去完成 / 执行有意义的任务，这样的活动能促进语言学习。

3. 意义原则

对学习者有意义的语言能促进语言学习。因此，学习活动的选择要依据其在多大程度上能使学习者参与到有意义的、真实的语言运用之中（而不是机械的句型操练）。

以上原则说明了什么样的条件能够促进第二语言学习。交际法让学生在真正的交际活动中参与有意义的活动，完成一定的学习任务以达到培养语言交际能力的目的。

J.C. 理查德和 T.S. 罗杰斯对交际教学的原则做了如下概括：

1. 学习者是通过用语言交际学会一门语言的；

2. 真实的和有意义的交际应成为课堂活动的目标；

3. 流畅性是交际的一个重要方面；

4. 交际涉及不同语言技能的协同作用；

5. 学习是一种创造性的建构过程，包含对错误的尝试。

交际法的教学原则具体表现为以下内容：

1. 强调语言的意义和运用，而不是语言的形式。在教学中将语言运用的流畅性摆在首位。

2. 语言学习目的是学会运用语言进行交际，而学习掌握外语的最佳途径是用所学语言进行交际。

3. 从学生日后工作生活的实际需要出发来确定教学目的，制定教学内容。

4. 使学生勇于投入创造性地使用语言的活动中，在不怕失误的体验中获得交际能力。

5. 以语境为尺度衡量语言使用的准确性。

6. 机械训练不作为主要教学手段。

7. 语音达到能被人听懂的水平。

8. 阅读和写作可以从初学开始。

9. 审慎使用母语。

10. 语言错误是学生在学习过程中是不可避免的。学生学习外语的过程是个从常常出现错误的不完善阶段逐渐向不出错误、达到完善的阶段的过程。对不完善阶段语言中的错误不必纠正。

11. 语言材料要来源于真实的话语。

12. 主张给学生的摄入量要大、教材选材范围要广，促使学生有充分的感性认识和宽广的知识面。

英国语言学家 D. 布朗对交际法课堂教学提出四条标准：

1. 课堂学习的目的，完全集中在交际能力的所有组成部分，而不限于语法或语言能力。

2. 形式并不是安排课文顺序的主要框架，而功能才是主要的框架。形式是通过功能来学到的。

3. 准确性在传递信息中的作用是第二位的，流畅性比准确性更重要。成功的交际法的终极目标是传达与接受所表达的意思。

4. 在采用交际法的课堂上，学生必须在未经预演的语境中创造性地使用所学语言。

从上述标准可以看出，交际法依据功能意念大纲组织课堂教学，强调语言的社会功能，特别是强调培养学习者的语言理解能力、表达能力、相互沟通思想的能力、创造性使用语言的能力。交际法注重学习主体，关注学生活动，强调以学习者为中心，教学过程交际化。“交际”不仅仅指相互间的语言信息的表达，它包括人与人之间一切思想感情的交流，是一种活生生的交际过程。

交际教学法把交际能力的培养作为教学的主要目标，人们在试图运用交际教学法的实践过程中，也发现了交际法自身的局限性，尚有难以解决的问题。首先，语言的功能项目很多，而且没有一个统一的标准，哪些功能应列入教学大纲、顺序如何排列，都是有争议的问题，而且不易统一；其次，在编写交际法教材时，最大的困难是如何使题材、功能和语法融为一体；再次，实践证明，理想的效果是语言能力和交际能力同时发展，齐头并进而不只是强调其中的某一方面；最后，把教学过程交际化是个理想，实现起来并不容易，努力使课堂教学交际化的同时，往往会忽视语言的准确性，而基本功较差的同学，也不可能训练出理想的交际能力。

交际教学法由于过分注重交际的流畅性，而忽略了语言的精确性。交际教学法反对系统地教授语法，忽视语言知识的系统性和整体功能，语法教学服从于交际教学，语法项目的安排也随交际教学的要求安排，语法教学本身缺少系统性和阶段性，有些语法项目甚至被完全忽略；交际法时期，语法教学是没有什么地位的。即使交际法提倡者并不否认语法教学对交际能力的作用，但在实际教学过程中，对交际意义的过度关注，使得语法教学被排除在外。20 世纪 70 年代后期，斯蒂芬·克拉申的监控理论曾一度控制了整个北美外语教学界。斯蒂芬·克拉申认为语法不应该进入课堂活动，因为语法所起到的作用只是边缘性的，语法教学对第二语言能力的发展只起外围、很小的作用。他认为语法教学的影响会随着时间的推移而逐渐减弱。斯蒂芬·克拉申及后来的 B. 施瓦兹提出语法只能被学习者从可理解输入中无意识习得，教语法或纠正学习者的错误对他们的语言系统产生不了任何影响。他们的主要观点是认为不需要显性的语法教学，而是通过大量的以意义为中心的语言输入，让学习者自然而然地习得目的语语法。此外，由于过分注重语言的意义，强调语言使用的得体性，从而忽略了第二语言能力的培养。可以想象如果根本没有语言能力的基础，既不能像样的发音，又没有一定量的词汇，更不会遣词造句，那又怎样使我们的语言富有意义，更不用说去要求语言的得体性了。语法能力是语言能力的重要组成部分，语法的错误会阻碍交际，所以在教学中全然否定语法的作用是不可取的，培养交际能力不能排斥学习语法知识，如果学生没有掌握语法规则，就不可能产生创造性的准确的语言，获得较强的交际能力。准确的语言能提高交际能力。不符合语法规则的语言因为不能准确传递意义，是无效的。没有掌握一种语言的语法，就谈不上掌握了这种语言，更不要说运用这种语言进行交际了。另外，没有语言结构知识，就不能将句子拆分成更小的语言单位并确定结构之间的意义关系，从下到上地精确理解。交际能力虽然突出地体现在口头表达上，但也不能忽视理解和书面表达。许多语言学家都肯定语法与交际能力之间的关系，例如，戴尔·海姆斯认为语法很重要，所以“对待语法在整个外语教学中的地位和作用问题，已经不是语法该不该教的问题，而是教什么和怎么教的问题”。

第二节 直接法

19 世纪，欧洲的资本主义得到了进一步的发展。国际政治、经济形势发生了重大变化，尤其是通商贸易，各国之间的交流需要进一步增强，语言不通成为发展的障碍。社会的发展要求更多的人学会外语，参与国际生活，这为外语教学提出了新的要求：口语能力的培养是外语教学的主要目的，语法翻译法满足不了这一新的社会需要。人们日益认识到，现代外语首先是一种有声的交际工具，直接用于社会交际实践。口语是书面文字的基础，口语既是教学的目的，又是教学的手段。现代语言的教学日益受到重视，到19世纪五六十年代在一些国家已经酝酿着一场外语教学的革新运动，其矛头直指“语法翻译法”。直接法便是在这种社会需要的背景下产生的。

19世纪末，结构主义语言学的兴起为外语教学法的发展开拓了新的空间，1886年国际语音协会成立。1888年，国际语音协会从结构主义语言学的角度对语言单位进行了科学的分析和系统的分类，产生了标准国际音标，它为外语教学从书面语的教学转向口语教学铺平了道路。国际语音学会的成立和国际音标的制定对推动“直接法”的形成和发展起到巨大的作用。该协会倡导如下原则：

1. 以口语作为外语教学的主要内容。

2. 加强语音训练，以培养良好的发音习惯。

3. 学生通过学习连贯的课文、对话、描写、叙述，掌握外语的最常用的句子和习惯用语。而且，课文要尽量容易、自然、有趣。

4. 学习初期，教语法时要用归纳法，把阅读中遇到的现象加以归纳总结。系统地学习语法要放到学习的后期。

5. 教师授课应使用目标语而不是用母语。教师要尽量用实物、图片或外语解释来代替用母语翻译。

6. 到学习后期开始教写作时，写作的练习活动应按以下顺序安排：首先，重写读得很熟的课文；其次，重写教师口头讲述的故事；最后，自由写作。把外语译成母语或把母语译成外语的练习应该放到最后阶段。

在这个时期，语言学家对于如何教授外语也十分感兴趣。1899年，亨利·斯威特出版了《语言实用学习法》，他在书中阐述了教学法的基本原则，其中包括：

1. 精心选择教学内容；

2. 对所教授内容规定一个界限；

3. 按照听、说、读、写四项技能安排教授内容；

4. 按照从易到难的原则安排教学材料。

德国的外语教学家 B.W. 菲埃托在 1882 年出版了《语言教学必须彻底改革》一书，反对语法翻译法，提倡直接法。菲埃托批评翻译法只重视文字，不重视口语，提倡语音教学和模仿式教学。

外语教育家 M. 贝利兹所创办的“贝利兹外语学校”遍及欧美两洲，无不采用直接法，效果良好，引起全世界的注意。他相信他的方法是幼儿习得母语的心理过程的系统应用，整个课程是按学习母语的自然过程设计的，并努力创造近似幼儿习得母语的自然环境和条件。贝利兹极力主张课堂教学使用外语，反对用翻译进行教学，因为经常使用母语不利于培养学生的外语语感，克服不了母语的干扰。他认为所教授的词汇及句子应是日常生活中的词汇和句子；具体的词汇应通过演示、物体及图片教授，抽象的词汇应通过联想讲授；他强调口语和听力，同时强调正确的发音和语法，认为语法应通过归纳法讲授；贝利兹课本遵循严格的编写原则：贴近生活，内容生动有趣，循序渐进，取材由具体到抽象、由近及远、由已知到未知。

法国外语教育改革家 F. 古安的代表作是《语言教授法和学习法》，曾轰动外语教学界。他尝试基于对儿童时期语言学习的观察建立外语教学法；他认为句子是交际单位，教外语要一句一句地教，不教孤立的单个词。

英国的著名外语教育家哈罗德 · 帕默是后期直接法的代表人物。他有两部理论著作：《科学的外语教学法》和《外语教学诸原则》，还有两部教学方法论著：《外语教学的口授法》和《通过动作教英语》，并出版了多种教学参考书。帕默认为，语言是一种习惯，学习一种语言就是培养一种新的习惯。习惯的养成一般不靠智力和逻辑，而靠反复使用。所以，学习一种外语要学习句子，不是学习理论规则，把常用的句子练习到脱口而出，也就是养成了一部分新的习惯。进一步讲，语言学习不是科学研究，而是获得一种艺术；艺术停留在口头上是没有用的，而是多次模仿，长期练习。帕默提出了九条外语教学原则：

1. 初步准备工作（让学生养成正确学习习惯）；

2. 养成习惯（脱口而出的话就是正确的外语形式）；

3. 准确性（供学生使用的语言必须符合规范）；

4. 循序渐进（具体指听先于读、吸收先于复述、消极领会先于积极复用、复用先于活用等）；

5. 按比例教学（兼顾到所有要训练的项目，同时又有轻重缓急）；

6. 具体性（先讲具体的东西，再学抽象的；先直观后想象；先实例后理论）；

7. 趣味性；

8. 教学顺序（弄清应该先教写还是先教说，先教词还是先教句子等）；

9. 采用多种方法（对各种方法应持兼收并蓄的态度）。

菲埃托、斯威特、帕默、贝利兹及 19 世纪其他改革家尽管在如何教授外语上都有自己独到的看法，但总体来看，他们认为：

1. 应以口语教学为主，这应反映在以口语为基础的教学法中；口语优先和听说并进的原则是根据幼儿学语言首先从听说开始，然后学习文字符号的规律提出的。

2. 语音学的知识应被应用于教学及教师培训中。

3. 学习者的语言输入应首先是听，然后再看书面材料。

4. 词汇应在句子中讲解，句子应在有意义的语境中教授。

5. 应采用归纳法讲解语法，即学习者应在具体语境中先接触语法规则，然后总结语法规则。

6. 虽然可以使用母语解释生词，检验学生对所学材料的理解情况，但讲授中应避免使用翻译法。使学生直接地从外语的使用过程中学会这门语言，建立词与意义之间直接的联系。

7. 语音和语法要做到准确。语音的准确性关系到交际时的理解，语法的准确性确保表达和书写语言的正确。

总之，语言学、心理学和教育学为直接法的产生提供了理论基础。例如，语音学对欧洲几种主要语言的语音体系已做出了全面科学的描述，提出音和字母对应关系的理论；语法学对这些语言的语法结构已进行全面的描写和初步的对比；词汇则提出语义随语境变化等理论。语言学的研究成果证明：不同语言的结构和词汇不存在完全的对等关系，这从根本上动摇了以逐词翻译为基本手段的语法翻译的理论。心理学和教育学此时也都在研究学生的年龄特征、记忆能力、刺激和兴趣在学习中的重要性等问题。心理学家提出的整体学习的学说，使人们注意到在外语教学里，必须让学生从一开始就学习句子。直接法遵循“以句子为基本单位”的教学原则，认为句子是口头交际的基本单位。幼儿学语是整句整句学的，不是先学单词和语法规则，然后按规则拼凑单词进行表达。学习外语也应以句子为单位，整句学、整句用。原因有四：其一，句子是最小的交际单位，掌握后可以直接用于交际；其二，许多词的具体意义和用法只有在具体的句子中才能得到确定和体现；其三，通过句子学习语音、语调，学得地道、纯正；

其四，以句子为单位学习，容易把语言中具有文化特色的惯用语学到手。句型教学就是在这样的一个认识基础上发展起来的。让学生先掌握句子，在掌握句子的基础上认识句型，分析有关语法点，包括句法和词法，以加深对句子的理解和使用。先掌握语言材料，再教里面包含的语法点，这就是直接法的语法归纳教学法。

概括起来说，直接法是以“幼儿学语”理论为基础的，即仿照幼儿习得母语的自然过程和方法，来设计外语教学的过程和教授方法。因此也称为“自然法”

英语直接法就是直接教英语的方法。直接包含三个方面：直接学习、直接理解、直接应用。《韦氏国际大词典》对直接法下了一个定义：“直接法是教授外语，首先是现代外语的一种方法，它通过用外语本身来进行的会话、交谈和阅读来教外语，而不用（学生的）母语，不用翻译，也不用形式语法（第一批词是通过指示实物、图画或演示动作等办法来讲授）。”括号内的话，在1950年后的版本中被删去。直接法是在外语教学改革之后形成的一个新学派，直接法主张外语学习是一个“直接”的过程，不需要翻译，不需要讲解语法，也不需要利用学生的母语，只需要运用外语直接进行教学、会话和阅读。他们认为学习外语的过程与儿童学习母语相同，是一个“自然”的学习过程；在学习中，口语是第一性的，学生的思维应直接与外语联系，而无须通过母语“中介”。

直接法的优点如下：

1. 强调口语和语音教学，抓住了外语教学的实质。

2. 注重实践练习，通过句型教学，使学生在语言实践中有计划地学习实用语法，发挥语法在外语教学里的作用。

3. 有利于学生外语思维和言语能力的培养。

4. 采用各种直观教具，广泛运用接近实际生活的教学方式和方法，较为生动活泼地进行教学，大大提高了外语教学的质量，丰富了外语教学法的内容；引起学生学外语的兴趣，有利于调动学生学习的积极。

5. 编选教材注意材料的实用性与安排上的循序渐进。

直接法的缺点表现在以下几个方面：

1. 学生在学校里学习外语和儿童在家里学习母语之间有相同的地方，但也有不相同的地方。在外语教学里忽视青少年或成年人学习外语的特点，完全照搬儿童在家里学习母语的方法，会给外语教学带来不必要的困难。

2. 青少年或成年人已经牢固地掌握了母语，这一事实对学习外语既有利的一面，也有不利的一面。直接法只看到它的不利一面，而看不到或忽视它的有利面，在外语课上，生硬地排斥或禁止使用母语，结果给外语教学带来不必要的限制和麻烦。

3. 在口语和书面语的关系上，在听说与读写的关系上，在处理语法和实践练习的关系上，一味强调或夸大一个方面，而忽视或否定另一方面，不能科学地处理好它们之间的关系，也不能充分发挥它们之间的协同作用。

4. 它突出强调了外语教学的实用目的，而不大注意教育目的，所以用此法培养的学生，就其多数而言，在其独立工作能力和语文学修养上，特别是在阅读高深的文献的能力上，仍赶不上用语法翻译法培养出来的学生。因此在历次论战中，遭到反对派的非议。

我们来看一下直接法教学对语法学习和教学的看法：上文我们已经提到直接法在讲授语法时采用的是归纳法，直接法的倡导者认为学习书本语法的主要目的之一是使学习者文句更正确通顺，能判断出句子是否正确；

学习外语同儿童学习母语一样，也要让学生先掌握实际语言材料，然后再从他所积累的感性语言材料中概括或总结出语法规则，用以指导日后学习；一般不应在学生尚未接触到任何感性语言材料之前便灌注抽象的语法规则，令其背诵语法定义。学习外语，就要把相当大的力气用在外语语法结构的实际掌握上。直接法教学同样重视语法的教学。

第三节　语法翻译法

语法翻译法时期即语法教学古典时期或传统语法教学时期。早在两千多年前，研究一门外语，最初是古希腊语和拉丁语，主要就是对其进行语法分析，用语法术语详尽地描绘目的语的形态特征和句法结构，以及进行书面语的翻译。如果把外语教学法发展史分为前科学时期和科学时期的话，那么语法翻译法便是前科学时期的产物，而不是语言学、教育学、心理学诸学科的自觉的综合应用。

一、语法翻译法的发展历程

语法翻译法是指用母语来教授外语的一种方法，而且顾名思义，在教学中以翻译为基本手段，以学习语法为入门途径。学习一门外语主要是通过将目的语翻译成本族语，背诵记忆语法规则和词汇，并通过大量的语法翻译练习来强化记忆。其特点是强调语法知识的掌握，认为语言学习实质上就是学习一套外语语法规则。

18 世纪、19 世纪语言学家对语言的认识及当时的社会需求有助于语法翻译教学法的产生，同时随后的语言学和心理学的研究也为语法翻译法提供了理论依据。18 世纪的语言学家对词类的研究和划分为语法翻译教学法的形成打下了重要的基础。当时的语言学家通常把语言整体看作词类的划分，并认为掌握词汇，即掌握了所学语言。18 世纪，斯多葛学派最先确定了语法的范畴，包括时态语态、非限定动词等。之后，亚历山大学派在研究词的基础上确定了八大词类：动词、名词、形容词、代词、副词、介词、连词和冠词。18 世纪的学者对词类的研究及词类的划分为语法翻译教学法的形成打下了重要的基础，语法翻译教学法正是依赖于这些语法术语和词类的名称进行课文分析和讲解，并依靠这些基本概念逐步形成较为完整的语法体系。此外，该时期的语言学家把语法看作一种黏合剂，并认为语言学习者只要能够按照语法规则将词汇黏合在一起即可表达思想，也就是掌握了所学语言。在这一认识的基础上，通过对语言规律的研究和分类，他们逐步建立了“希腊—拉丁语法体系”。在这一体系下确定了主语、谓语、表语、定语、状语等，“希腊—拉丁语法体系”的建立初步完成了语法翻译教学法的轮廓和基本的框架。在语法翻译为基础的教学过程中，语法被当作所教授语言的核心，也是语言学习的主要内容，因此教学的中心任务就是教授语法规则，传授语言知识，各种教学活动均以是否掌握了语法规则为准绳。同时，当时的语言学家认为书面语是语言的精华，认为学习者应该通过学习书面语来掌握语言，因此，这一认识为语法翻译法的教学内容确定了相应的范畴；在语言学习和语言教学中，心理学更关注语言的使用者和学习者。乔姆斯基的心灵主义认为人类与生俱来就有形成某些概念的能力，而概念形成是人类习得词汇意义的先决条件。因此，心灵主义的观点支持语法翻译法在外语教学中的运用。

当时人们普遍认为，语言就是词汇加语法，因此学习一门第二语言，就是学习它特有的词汇和语法，掌握了全部语法规则和一定数量的词汇，也就掌握了该门语言。因此在回答“教什么”时，语法翻译法的答案是：词汇和语法。于是它把死记硬背大量单词和语法规则（还有语法定义、例句等）作为教学的主要内容，把掌握它们作为教学的主要目的。早期语法翻译法教授外语生词和语法往往是分头进行，都要求学生死记硬背，语法往往有单独的课本，按其自身的体系来讲授。中期的语法翻译法已开始注意克服语法教学和生词教学严重相脱离的弊端，尽可能而且尽早地把两者结合起来，有计划地统筹安排，遵循由易到难、由简到繁等一般教学论原则，通过有意义的课文来实施。在处理语法与词汇的关系上，语法翻译法把语法置于首位。因为人们认为掌握一门语言，就是掌握该语言的规则，具有用这种语言理解和表达的能力。因此，语法是关键，只有经过语法分析，才能理解外语句子，也只有合乎语法规则的句子和由这样句子组成的文字材料才是正确的句子和文本。此外，当时人们认为语法在很大程度上也就是逻辑，因此学习语法也就是学习逻辑。语法学习和语法分析被认为是“磨炼智力的体操”。学习语法的同时，也在训练演绎推理的能力、分析的能力等，因此，十分重视语法教学。在讲授第二语言时，教师使用母语，把生词及课文中的句子逐一译成母语，翻译是讲解生词和课文的基础。语法翻译法一般采用演绎法教学，即先教抽象的定义、规则，辅以实际的例词、例句，并把例词、例句翻译成母语，以帮助学生理解所学规则，用它们作为指导，来分析以后学习中所碰到的语言现象，以求正确理解并造出合乎语法的句子，从而达到表达的目的。在语言教学中语法规则实际上是语言理论，而且是主要的理论。语法翻译法主张在教学中“理论先行”，以后学生学习语言就在语法规则指导下进行。语法翻译法在语法教学问题上受到古代崇尚理性的理性论哲学思想的影响。教师讲授之后，以语法练习的方式来操练，语法练习多采用把母语译成第二语言，因此，翻译不但是讲解词汇、课文的基础，也是检测学生是否理解所学内容的基本手段。这种教学方法十分注意语法的形式，而不太注意句子的意义，所使用的例句往往脱离语境。

二、语法翻译法的特点

语法翻译教学法具有其独有的特点及经历了漫长的发展过程。到 20 世纪中期，经过历代教育家的不断努力和实践，克服了古典翻译法的一些缺点，从而发展成近代的“译读法”，即主张从语言开始，在教字母的发音，讲解发音部位和方法，在词、词组和句子中练习发音的同时，开始注意阅读能力，把阅读教学放在首位，并贯穿始终。由于他们意识到语法是阅读和翻译的前提，因而在实际教学中，语法仍占十分重要的地位。正因为如此，近代的翻译法仍被人们称为语法翻译法。每篇课文都体现几个语法项目，例句和练习都是配合语法项目的练习而编写的。讲解课文多是围绕语法难点来进行。然而翻译依然既是教学手段又是教学目的。

关于语法翻译教学法的特点我国著名的英语专家桂诗春教授（1998）对此进行过精辟的概括，具体有以下几个方面：

1. 语法体系的完整性和整体性语法翻译教学法借助原“希腊—拉丁语法”的规则。

2. 形成了非常完整、系统的语法教学体系。这一语法教学体系对初学者以及外语学习者来说是非常必要的。教学实践证明，这一体系有利于学习者较好、较快地掌握目的语的整个结构。语法翻译教学法及建立在“希腊—拉丁语法”规则上的英语语法体系有利于外语学习者认识目的语的形式、不同的词类、句子组合等。它在很大程度上符合并顺应了人们认识和学习目的语的客观规律，有利于学习者掌握好这一体系。

3. 语法翻译教学法较好地体现了外语学习的本质功能，即两种语言形式的转换，进而达到语际信息交流的实际目的。它在一定程度上验证了学习语法和词汇是一种有效的途径，同时翻译是实现信息交流的一种非常有效的手段。

4. 语法翻译教学法重视词汇和语法知识的系统传授，它有利于学习者语言知识的巩固，有利于打好语言基础，更方便教师的教学安排。人们甚至将语法规则比喻成房子的结构，词汇是盖房的砖，只要将这两者相融合，即掌握了该语言。

5. 语法翻译教学法强调对书面语的分析，着重原文的学习，这样它有利于学习者对目的语的深入理解和掌握。

三、语法翻译法的优点

国外的许多语言教学研究者也从不同的角度对语法翻译教学法进行过客观的评论和描述，其中，H. 布朗对这一教学法的优点做了以下概括：

1. 在语法翻译教学法中，精细的语法规则和广泛的词汇知识使得语言输入更易于理解。能够使外语学习者所接触到的各种语言现象系统化，由浅入深地将语言分级处理。

2. 语法翻译教学法能够帮助外语学习者肯定或否定他们对目的语所做出的无意识或有意识的假设，辨别母语与目的语的异同。

3. 语法翻译教学法能够帮助学习者将目的语的结构内化，从而提高其使用外语的能力。

四、语法翻译法的缺点

语法翻译法的不足体现在以下几个方面：

1. 翻译法不重视听说能力，在教学里没有抓住语言的本质；忽视语音和语调的教学。由于听说得不到应有的训练，学生虽然能够具备比较好的语言基础，熟知语法规则，但他们的口语表达能力较弱，口语交流的意识不强，往往在实际工作交流活动中不能有效发挥所学语言知识的作用。

2. 过分强调翻译，单纯通过翻译手段教外语。这样，容易养成学生在使用外语时依靠翻译的习惯，不利于培养学生用外语进行交际的能力。

3. 过分强调语法在教学中的作用。而语法的讲解又是从定义出发根据定义给例句，脱离学生的实际需要和语言水平。教学过程比较机械，不易引起学生的兴趣。教师容易陷入单方讲解中，忽视了学习者的实践。

4. 过于重视语言知识的传授，忽视语言技能的培养。

总之，语法翻译法是以语法教学为中心，能较好地培养学生分析语言现象的能力，有助于训练学生的阅读和翻译书面文献的能力，但对培养言语交际能力的作用较小，学生的语言使用能力普遍较弱。过于追求语法的精确性，忽视了学生的语言创造能力，不能充分发挥语言学习者语言学习的主观能动性。

语法翻译法由于适应性广，简单而便于使用，尽管受到了极大的挑战和批评，它至今仍为许多外语教师在实际工作中所采用，为外语教学提供很多可以借鉴的东西。

第四节　情境教学法

在高校英语教学的过程中，情境英语教学法主要就是根据学生在英语学习过程中的心理特征及年龄的特点，进行针对性的教学。我们在英语教学的过程中针对性地指出反映论的具体认知规律，同时在英语教学的过程中结合相应的教学内容，有效地运用形象内容来对英语教学情境进行创设。这样能够让较为抽象的英语教学语言变为生动的可视英语语言。通过情境英语教学方法来让学生在学习英语课程的过程中更加深刻地了解英语思维、英语口语以及英语感知。根据实际的情境英语教学方法来分析，情境英语教学方法的主要特点如下：能够有效地融合语言、行动及创设的情境，让英语教学更加直观、更加有趣及更加科学。

一、情境教学的概念内涵

（一）西方关于情境教学概念的界定

情境教学的英文是“Situational Language Teaching”，还可以是“Situated Teaching”，即在真实情境或教师创设的情境中进行英语语言教学，是由英国语言学家创立的英语教学法。其宗旨是：情境教学是口语化的英语教学，情境教学将学生置身于设计好的情境中，在大量的口语练习中提高学生的英语口语水平。通过口语水平的提高带动学生英语水平的全面提高。

（二）我国关于情境教学概念的界定

我国关于情境教学有各种不同的表述：“情境教学就是运用具体生动的场景，以激起学生主动的学习兴趣、提高学习效率的一种教学方法。”“情境教学是指创设含有真实事件或真实问题的情境，学生在探究事件或解决问题的过程中自主地理解知识建构意义。”“情境教学是从教学的需要出发，教师根据教材创设以形象为主体，富有感情色彩的具体场景或氛围，激起和吸引学生主动学习，从而达到最佳教学效果的一种教学方法。”“情境教学就是创设典型场景，激起学生热烈的情绪，把情感活动和认知活动结合起来的一种教学模式。”“所谓情境教学，指的是在教学过程中为了达到既定的教学目的，从教学需要出发，制造或创设与教学内容相适应的场景或氛围，引起学生的情感体验，帮助学生迅速而正确地理解教学内容，促进他们的心理机能全面和谐发展。”李吉林老师认为：“情境教学就是从‘情’与‘境’、‘情’与‘辞’、‘情’与‘理’、‘情’与‘全面发展’的辩证关系出发，创设典型的场景，激起儿童热烈的情绪，把情感活动和认知活动结合起来所创建的一种教学模式。”简单地说，情境教学就是指在教师人为“创设”的“情境”（有情之境）中所进行的教学。它与我们通常所说的教学情境的差别，就在于“人文性”，是“一个渗透着教育者意图的”“生活空间”，即所谓“优化的环境”。

可以看出，情境教学使用的“情境”概念内涵丰富，它是这一教学系统的中心概念。它不但用在教学的起始阶段，而且还辐射、贯穿于整个教育教学过程；不但指外部环境，而且指主体的内部环境，整合成为心理场；不但在教室里创设情境，还可以带学生到课外、到大自然、社会大课堂中去，让学生在现实场景中去感受、体验、思考。

情境教学的概念表述尽管不同，但都把“情境”作为情境教学的出发点和切入点。从学科教学的角度来看，“情境”实际上就是一种以情感调节为手段，以学生的生活实际为基础，以促进学生主动参与、整体发展为目的的优化了的学科教学与生活环境。“情境教学的核心是情境。情境教学还将情境贯穿教学过程的始终，强调凭借情境促进学生的整体发展，将人文学科的字词句篇、科学学科的定理公式融入具体生动的情境中，融知识性、育人性、发展性于一体。”简言之，情境教学中的情境是多元、多构、多功能的。

应该特别指出的是，英语情境教学中情境的创设不是目的，而是实现教学目标的手段；情境是为教学目的、教育目标服务的。

二、大学英语情境教学的认知理据

“情境”已是当代文化思潮和前沿科学讨论的热门话题。“情境教学”在教育教学领域也自然成了备受关注的课题。任何一次教育教学变革都离不开一定的理论支撑。当代脑科学的研究成果及情境认知学习理论与建构主义学习理论的研究成果为大学英语情境教学设计提供了理论依据。

（一）脑科学成果对大学英语情境教学的支持

根据脑科学的相关研究，人大脑的左右两个半球是各有分工的，左半球主要负责逻辑思维及语言活动，右半球主要负责知觉、想象与情感活动等。在传统的教学中，无论是教师的讲解分析，还是学生对知识的背诵记忆或单项练习，所调动的主要是负责逻辑的大脑左半球的活动。而在情境教学中，教师设计的各种“情境”对学生来说，就是各种新鲜的刺激信号，这些信号不断激活学生大脑皮质的“语言”和“形象”等功能脑区。感受的时候，学生大脑的右半球兴奋；表达的时候，学生大脑的左半球兴奋。这样，大脑的两个半球交替兴奋或同时兴奋，能够使学生的学习更加轻松愉快。

情境教学并不是简单的语义学习，而是引发学生在丰富生动的“场景”中学习，并伴随着学生审美能力的发展与道德水平的提升。学生所从事的认知活动、审美与道德判断活动基于脑的深层结构，也就是“颞叶—顶叶—枕叶”的协同工作。因此，情境教学比传统教学能够获得更加良好的教学效果。高校英语教学应充分利用影像、图形、声音等媒介，创设英语学习的情境，激发学生右脑半球的功能，调动学生学习英语的积极性与主动性。

（二）当代学习理论对大学英语情境教学的支持

学习外语的终极目的是能够以外语为工具实现沟通交际的目的。母语的习得是与意义建构相统一的，因此，中国学生学习英语时，母语所起到的负迁移作用往往源自认知错误，学生将母语概念建构模式复制到英语概念的建构模式，因而时常会出现“Chinglish”的表达方式。英语教学的根本目的应该是教会学生用英语来表达，这一目的的实现离不开运用英语的情境。

情境认知理论认为，学习就是合法地参与实践，是基于共同体社会协商建构知识的过程。知识不是一件事情、一组表征，也不是规则与事实的集合，而是一种动态的建构。知识是个体与环境通过交互活动而实现的建构，是人类协调的系列行为，是人类适应环境动态发展的一种能力。知识具有情境性，是活动、背景与文化产品的重要组成部分；知识是基于情境，并在行动中不断发展，人的认知是有意识与无意识心理活动的统一，是理性与情感的统一。美国著名哲学家、教育家舍恩指出，当今的大学教学人为地剥夺学生学习与生活的联系，造成了理论学习与社会实践的分离。要改变这种现状，就要将学生的学习活动镶嵌于具体的教学情境之中，为学生的理论学习找到通往生活经验的“中介”。这就要求高校英语教学设计要以学生的诉求为中心，教学内容与教学活动的安排要与学生的生活实际及专业实践的需要相联系。通过情境教学，把英语知识的建构与学生能力的发展及学生身份的形成等统领起来。

对当代教学改革影响较大的建构主义学习理论也主张学习与情境相互联系。学习“不是把知识作为内在的表征，而是把知识视为个人和社会或物理情境之间联系的属性以及互动的产物”。建构主义学习理论强调学习情境对于意义的建构具有支撑作用，因此，情境的创设是教学设计的重要内容。学习情境要与真实情境相互结合，由于真实情境是生动的、具体的与丰富的，学生在真实世界的情境中，借助于社会性的交往，利用有效的学习资源，能够有效建构知识，重组知识结构。建构主义学习理论对高校英语教学的启示是，教师在英语教学中应创设良好的学习环境，帮助学生有效地建构英语知识。教师应充分利用生动、形象和具体的情境，引导学生在自身体验中应用英语语言知识，提高英语应用的能力。教师在英语教学过程中，应将言、行、情融为一体，使英语教学更具直观性、趣味性与科学性，使学生的智力因素与非智力因素能够获得和谐发展，并充分调动学生学习英语的激情，培养学生的学习兴趣。

三、大学英语情境教学的实施原则

当代教学理论主张教师应成为学生学习的促进者。高校英语教师理应顺应时代的需求，转变传统的教育教学观念，为学生的有效知识建构创设条件。具体说来，就是要通过丰富多样的教学情境创设，使学生能够在具体的语言情境中，达到对英语知识的记忆与保存、理解与应用及评价与迁移。在具体的教学设计实践中，大学英语教师应遵循如下基本原则：

（一）主体性原则

英语情境教学的设计应该克服传统英语教学注重理论知识的强硬灌输、强调死记硬背的教学方法。教师应借助现代教育技术手段，通过良好情境的创设及教师的语言调节，拉近师生之间、生生之间、师生与教学内容之间的距离；激发学生的学习热情，充分保证每个学生能够主动参与、主动投入、主动发展；通过角色扮演，利用角色的效应，增强学生学习英语的主体意识。大学生已经具备了一定的英语知识基础，具备了一定的自主学习的能力，他们不仅具有自主设计教学情境的渴望，也具备自主设计英语教学情境的能力。教师在进行教学设计时，应该根据学生已有知识基础，满足学生自主学习的需要，鼓励学生大胆设计教学情境。其设计教学情境符合学生学习英语的实际需要，教学效果会更加突出。

（二）交互性原则

高校英语教学要充分体现语言教学的交际性，根据大学生的实际，创设情境，通过大量语言实践，培养学生运用语言知识与技能进行英语交际的能力。教师应鼓励学生大胆地使用英语，为学生创造尽可能多的语言实践机会，为师生、生生充分地运用英语进行互动交流提供更多的时间与空间。语言就是交流的工具与媒介，英语教学就是要通过情境创设促进多维主体之间的对话与交流，实现高校英语教学的目的。教师要为学生的对话与交流创设更多的机会，使学生通过看、听、说等行动，体验、感知、领悟知识的真谛，从而感受成功，生成积极的学习态度。只有这样，教师的行为才能产生足够的教育意义，“教师必须站在与学生的关系之中，来选择合理的教育行动，由此而形成教师向着学生的实践姿态”。教师在进行教学设计时，应注重在教学过程中如何创设情境，促成民主、和谐、平等的师生关系。

（三）探究性原则

现代认知理论认为，“认知不能脱离具体的身体，认知对有机体的物理属性具有依赖作用，人的身体在认知过程中起到了非常关键的作用。”也就是说，身体的物理属性对认知的内容具有直接的塑造作用。这就要求学生的学习方式应该发生根本性转变，实现传统的接受型学习向探究型学习的转变。为了激发学生的探究，教师在教学过程中要创设类似于科学家研究的情境与途径，让学生在教师的指导下，选择与其学习与生活相关的主题，去探研、去表现、去体悟、去发现、去创造。探究型学习能够促进学生搜集信息、处理信息及分析问题与解决问题的能力的生成。

（四）体验性原则

体验是学生积极参加学习活动时所获得的直接情感感悟。体验使学习进入学生的生命域，知识的学习不仅仅是学生认知发展的过程、理性生成的过程，也是学生情感不断丰富、人格不断完善的过程。体验性原则要求教师在进行情境教学时，应注重学生的体验。“传统教学的弊病之一就是过分强调知识与能力方面的教学结果，忽视学生学习过程的有效性。”在高校英语教学过程中，教师应该创设教学情境，引导学生积极参与，不仅要激励学生用自己的脑子思考，还要激励学生用耳朵听、用眼睛看、用嘴说，也就是亲身经历，去感悟英语知识的作用与价值。

四、大学英语情境教学的设计实践

大学英语情境教学设计的目的就是要使学生能够自然而然地融入英语学习的情境之中，并亲身感受到学习英语的轻松与快乐。受传统教育思想的影响，部分大学教师缺少对高校英语教学设计的研究，一般按照教科书章节的顺序讲解，学生在课堂上习惯于记笔记、记单词、读课文，这种缺少情境支撑的课堂很难培养学生听、说、读、写、译等方面的语言交往能力。在教育教学实践中，为了激发学生学习英语的动机、提升学生参与英语学习的效能、发展学生应用英语的能力，我们在问题情境的设计、互动情境的创设和经验情境的营造等方面进行了尝试。

（一）设计问题情境，激发学生学习英语的动机

教学目标是激发学生学习兴趣的原动力，而问题则是教学目标的有效表达方式。美国教学目标设计专家布鲁姆从认知、情感与动作技能三个维度对教学目标进行了设计。在教学实践中，为激发学生学习的兴趣，依据教学目标的这三个维度，既要设计认知问题的情境和动作技能问题的情境，更应设计情感、态度问题方面的情境。学生学习的情感、态度问题情境的设计虽然较难，但学生的“学习情绪也是可以预见的，可以从学习过程中的线性因果规律中去把握。我们的教学设计只要充分地把握教学原理，珍视教育现场中可能出现的良性现象，并由此拓展出去”，就能获得确定的教学效果。过于重视教师讲授的“告诉式”课堂，切断了教学内容与周围世界的联系，舍弃了教学内容的情境，背离了学生建构知识应该遵循的规律，学生学习的积极性很难调动，这是大学课堂“低头族”群体日益庞大的主要原因。在教学过程中，由于教学内容的变化、学习者个体的差异性、师生情绪的不稳定性及教学对话的碰撞与冲突，教师会瞬间产生反思，学生会即时产生惊讶、困惑与顿悟等。这种变化中的教学过程必然是动态的。大学生的英语学习过程是动态的认知过程，也是情感的生成过程。教师在进行教学设计时，既应该遵循大学生的认知规律，又应该关注大学生情感

生成的特点，做到认知与情感的结合。

在进行英语情境教学设计时，为了唤起学生学习英语的内驱力，应力图做到认知、能力与情感的结合。为了实现情感目标，并达到认知、能力与情感目标的融合，在教学过程中，我们还设计了莫言在瑞典学院发表的诺贝尔奖获奖演说“讲故事的人”的视频片段，让学生看视频，感悟母爱的无私与伟大。然后，我们引导学生运用学过的英语知识，将故事改写成英语故事。

（二）创设互动情境，提升学生参与英语学习的效能

俄罗斯教育家季亚琴科认为，师生、学生间的多维对话是教学的本质，没有对话就没有教学。英语的 dialogue 是 dia 与 logos 的合成词，logos 的含义是词，dia 的含义不是 two，而是 through。对话仿佛是一种流淌于人们之间的意义之溪，它使得所有对话者都能够参与和分享这一意义之溪，并因此能够在群体中萌生新的理解与共识。在教学对话活动中，不仅涉及科学的行为选择，更处处充满着艺术的直觉。教学要达到艺术境界是需要条件的。如何到达艺术？那就要教师努力去创造这些条件。高校英语教学应当充分利用音乐、图画、角色扮演、戏剧视频、形象语言等艺术手段，创设互动情境，激发学生的学习激情，引导学生积极参与到课堂学习中去。艺术具有唤情的功能，既可以唤起人内在的情感潜能，也能满足人的情感需要。大学英语课可以充分利用教材内容，引导学生编写剧本并进行角色扮演；可以运用多媒体技术设计伴有图画、音乐的生动课件，激发学生的学习兴趣；也可以利用生动的、形象的语言，将学生领进想象的境界。

教材是教学的主要依据，但必须经过教学设计，以“章、节”为表现

形式的教材文本才能转化为具有情境支撑的对话文本，从而进入教学域。为培养学生应用语言的能力，教师可以要求学生对教学内容的结构与人物进行分析，并将教材文本改写成对话性剧本，当堂分角色表演；也可以为学生创设一个真实的情境，引导学生创作剧本并分角色表演。

多媒体教学的使用，能为学生提供直观、丰富与真实的语言材料。我们在进行多媒体的设计与开发时，高度重视情境的建构与拓展，诸如运用视频资源介绍英美等国家的历史、文化、风土人情等，运用互联网的全渠道交互功能及语音信箱等，引导学生进行交流与讨论。为了更好更直观地展示历史事件、历史知识及历史人物，使学生有身临其境的体验，教师将教学设计成多个板块，如利用视频、微课展示历史事件和人物，利用课件、深度阅读、在线互动等浸润历史知识。其中，课程视频是核心，课件和讲义为基础，每一个主题的微课是重难点。本单元教学充分体现出大学英语情境教学的多手段性和多元素性，如电脑、互联网、慕课平台等多手段的利用及软件、硬件、学生和老师多元素的融合。如图 4-1 所示：

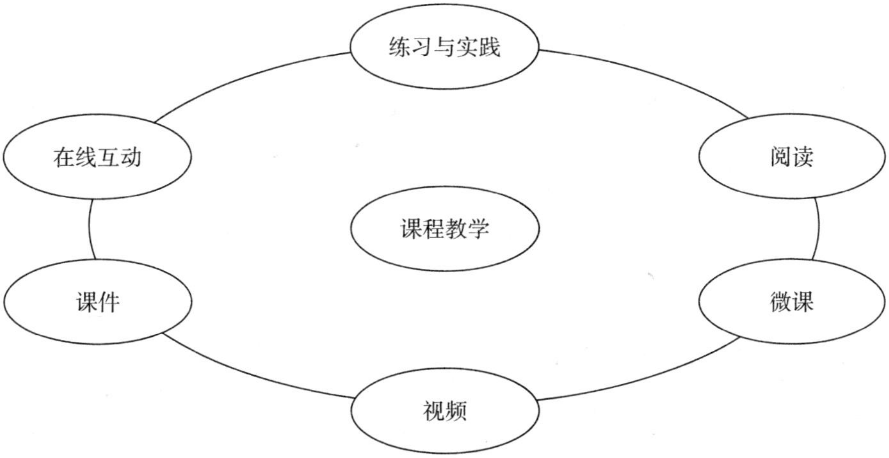

图 4-1　多元素情境教学模式示意图

教师可以根据每一个主题进行设计，制作相互关联又各自独立的微视频或微课，让学生从视觉、听觉等多维度动态地感受知识，具体操作流程如下（见图 4-2）：

微课脚本 → 内容设计 → 技术设计 → 视频设计 → 上传视频 → 课前观看 → 课程讨论

图 4-2　境教学设计流程图

同时，教师还可以指导学生进行拓展学习，利用慕课、TED 平台资源，制作相关微课或者视频，互相学习，上传给教师，探讨自然力量及与大自然做斗争的案例。

“知识只有通过运用，才有可能使外化的知识内化为学习者的知识，才可能使学习者的经验得以增长。”英语教学十分重视对大学生听、说、读、写等语言应用能力的培养。在教学准备中，我们总要认真反复听录音、反复研读教材、反复朗读，读出美感、读出激情、读出意境。这样，教师才能在课堂教学中发挥出语言的情境性作用，将学生领进语言运用的境界。

（三）营造经验情境，发展学生应用英语的能力

知识是基于一定的情境生成的。“当创设的学习情境与学生带入的生活经验及已习得的文本知识相关联时，学生的创造性思维就易被激活，其同情、友善、分享等道德体验亦能同时获得。”因此，我们在进行大学英语情境教学创设时，首先要有意识地联系学生的生活实际，通过情境使学生的知识得到整合，使知识镶嵌于生动的情境之中。这样，学生习得的知识就是有背景的、相互联系的，是可体验、可感悟与可迁移的，而不是僵化、暗淡与惰性的。

在教学实践中，首先，我们要尽可能地运用实物、图片、道具等将教学内容融入形象直观的教学情境之中，激发学生的想象力，调动学生学习

英语的积极性，让他们意识到所学的知识在现实生活中的意义与价值。其次，我们要密切关注社会的热点话题，从社会关注的热点中选取与教学内容相关的、生动形象的案例，通过生动的案例情境，使抽象知识具体化、形象化与意义化，使学生唤醒自己的经验，体悟到运用语言的价值。其次，我们可以通过英语游戏、英语竞赛和英语演讲等实践活动，创设轻松和谐的课堂学习环境，为学生提供更多的使用英语语言的机会。学生亲身参与实践活动，能够有效建构自己在课堂学习中的身份，通过置身于真实的学习情境，能够把自己的情感全身心投入到学习之中，实现教学的共鸣。另外，在大学英语情境教学设计中，我们还有意识地设计学生感兴趣的小组活动情境，如参加同学生日聚会、参与国际学术会议、组织一次文娱晚会等，让学生在这些活动中都有发言、表现、交流与评价等机会。通过这种小组活动的创设，我们试图满足学生用英语交流的渴望，激发学生的兴趣。

高校英语教学的责任就是要培养大学生运用英语的基本能力，语言的运用离不开一定的情境支撑。大学教师应该改变传统的“教师讲，学生听”的单向式知识传播的教学模式，改变教学观念，充分利用多种教学手段创设情境，提高大学生学习英语的积极性，使英语课堂成为学生智慧生成与关系建构的场域。

第五节　听说法和认知法

一、听说法

20 世纪 40 年代以后，各国对外语的需要日益增长，随着心理学、语言学的新发展，外语教学手段和设备的革新，对外语教学法的研究和实验工作都在开展，出现了很多新的外语教学法。听说法便是新兴起的一种外语教学法。

听说法也叫句型教学法、口语法和军队法，英语在世界上流行很广，美国人到国外去，感觉不到学习外语的迫切需要。第二次世界大战爆发后，美国急需大批青年军人派往外国。1943 年约 15 000 名士兵接受 20 种外语的培训。为了满足这种急需，美国人采取了两条措施，一是办外语强化班。二是采用听说法，简单地说就是把听说放在首位，先用耳听，后用口讲，经过反复口头操练，最终能脱口而出地运用所学语言材料。在外语教学中利用早期军队培训的方法，在结构主义语言学、对比分析理论及行为主义心理学的理论指导下，采用了听说法。

听说法是与语言学理论联系最明显、最直接的一种教学方法。听说法的理论基础是美国的结构主义语言学，其心理学基础是行为主义。在结构主义语言学家看来，语言是高度结构化的体系，但人们进行言语活动时只知道说什么，并没有意识到自己说话中的语言结构。这些语言结构由于掌握到了自动化的程度，说话时可以不自觉地运用。因此，学习外语就应该达到不自觉地运用语言结构的程度，成为一种新习惯。这种习惯的养成需要反复模仿、操练和实践。因此，听说法主张模仿、操练语言结构，达到能够不自觉地运用这些结构的程度。结构主义语言学家把句子的研究提高到重要的地位，提出了基本句型及句子的扩展，转换等概念，进一步充实了这一种理论的语言教学，为听说法解决了语言教学上的重要障碍。

（一）听说法的教学原则

听说法遵循以下教学原则：

1. 语言是说的话，不是写出来的文字，语言都是有声的。学习外语，不论学习的目的是什么，都必须先学听和说，在听和说的基础上才能有效地学习读和写，即先听说、后读写，听说是重点和基础。这个顺序在外语教学里是必须遵循的。

2. 语言是一套结构，而许多语言的结构是通过各种句型得到体现的，因此，要掌握一种语言，首先要掌握该语言的各种句型，特别是常用句型。按句型进行操练是使学生学好外语的捷径。学习语言就是学习它的结构，而结构的全部内容都“尽在句型之中”，掌握了全部句型也就掌握了语言的结构，也就掌握了语言。

3. 语言是一种习惯，习惯的形成需要多次的刺激和反应。语言教学中，应该教语言本身，而不是教有关语言的知识。教语言是教人学习语言而不是认识语言。外语教学是培养学生运用外语的语言习惯。根据行为主义心理学的刺激与反应的学说，培养语言习惯要靠反复操练，语言知识和理解力在这里起不了多大的作用。

4. 语言是本族人所说的话而不是某人认为他们应该说的话。（描写观察到的语言现象；自然语言是什么样子，就教什么语言）

5. 世界上的各种语言是不同的。每种语言都有特点，特别是在句子结构上各有特点。在编写教材时，必须将外语和学生的本族语进行对比，找出其相同和相异的地方，在这个基础上有针对性地编写教材，才能编写出适合本国学生学习的外语教材。此外，对比两种语言结构可以帮助确定教学难点和重点原则，使操练更有针对性。

6. 有错必纠、及时纠错。根据行为主义心理学理论，外语学习是机械的习惯形成过程，习惯的形成要靠大量的正确的模仿和操练，尽可能杜绝错误的模仿和操练，习惯一旦形成，便难以更改。语言既然是一种习惯，那么语言错误如果听任不纠必形成有害的习惯，到以后就难以纠正。因此当它还没有形成习惯之前，教师一经发现，必须立即纠正。

7. 限制使用母语。既然外语运用是一种习惯，那么只有通过外语本身的大量句型操练才能有效形成。听说法重视培养学生用外语进行思维。用翻译进行教学会阻碍学生用外语思维，对掌握外语十分不利。

（二）听说法的具体原则

由于听说法遵循不同的教学原则，不把语法分析和阅读能力作为教学目标，而主张以口语能力的培养作为主要目标，因此与直接法相比，听说法在课堂教学程序具体施教方法、教材呈现形式、测试等方面都有所改变。听说法把教学目标分为近期目标和远期目标。近期目标包括掌握语音、词汇、语法结构，并理解语言材料的准确含义。远期目标要求学生可以像外语本族语者一样熟练准确地使用外语。为了达到上述目标，听说法在课堂教学中调整为以下几条具体施教原则：

1. 在学生入门阶段，教学重点放在口语技能上。随着学习的深入，逐渐将口语技能与其他各项技能联系起来。

2. 口语技能是指在人际交往中，使用标准的发音、正确的语法概念、迅速做出反应的能力。

3. 语音、词汇、语法和听力的教学目的均在于发展学生的口语流利程度。

4. 阅读与写作技能的教学必须在优先发展口语技能的前提下考虑。

（三）听说法的教学程序

听说法主张的教学程序大致可以分成三种：第一种程序将教学过程分成两个阶段：一是理解阶段，占课堂教学时间的 15%；二是运用阶段，占课堂教学的 85%。第二种把教学过程分成口授语言材料阶段、模仿阶段、最小对立体练习阶段、句型练习阶段、师生对话阶段、读写操练阶段。第三种是美国布朗大学教授 W.F. 瓦德尔根据听说法原则及他的多年研究于 1958 年提出的听说法五段学说，即认识、模仿、重复、交换、选择五个阶段。

（四）听说法的优点

听说法的长处主要是能在较短的时间内培养学生初级的外语口语能力和快速反应的能力，打下实际掌握一种新语言的基础，比较适合外语短训班。

（五）听说法的缺点

听说法不注重语法教学，教学中根本不提语法条条框框的问题，认为这些死规则无助于形成新的语言习惯。语言习惯的形成主要靠反复地练习。母语习惯的形成既然如此，外语习惯的形成也不例外。书本上的语法规则不必学，也无须在事先学，事后也不一定学，因为学习语言就是学习它的结构，掌握了全部句型也就掌握了语言的结构，也就掌握了语言。听说法派的哲学指导思想是经验论，他们只相信来自实践的经验，十分轻视理性，即指语法规则。此外，听说法只重机械训练，这就等于否认了人的认知能力和智力在外语学习中的作用，因此听说法不注意发挥学习者的主观能动性。听说法只重语言的形式方面，而忽视语言的内容和意义方面。由于没有语法分析的能力，所以在碰到结构复杂的语句时，学生往往凭猜想，因此常有不正确的理解；而且，由于学生缺乏语法知识，因此缺乏连贯而准确地表达自己思想的能力。由于课文和练习都是为“句型操练”而描写，所以在不同程度上脱离真正的交际实际，脱离真实的语境，课文和对话多半是缺乏中心内容、语境不完整的句子的堆砌，学生学习起来枯燥乏味，到真正的交际场合，往往不能立即得体地运用所学到的语言。

二、认知法

认知教学法也被称为“认知—符号法”。20 世纪 60 年代产生于美国，是针对听说法提出来的。我们在上一节已经提到听说法的不足之处，听说法从美国结构主义语言学和行为主义心理学的指导思想出发，把外语教学过程机械化，把语言教学的内容形式化，学生成了被动接受“刺激”的消极对象，这里缺少智能的培养，忽略了学生的主体性和主动学习能力的培养。而认知法强调人能够进行感知、记忆、分析、综合、判断、推理等一系列智能活动。听说法反对讲语法，对语言的认识是无理性，是单纯的“反应”，结果阅读能力差，独立工作能力差连贯言语能力差。认知法强调语法理论知识的重要。甚至有人说，认知法是修改后的语法翻译法。

（一）认知法的语言学基础

认知法的语言学理论基础是乔姆斯基的转换生成语法规则。他认为人的语言能力是与生俱来的，绝不是靠出生之后几年与外界接触而获得的。也就是说，大脑结构起的作用是决定性的，外界条件（与一种语言的接触）只是激活了习得语言的机制而已。转换生成语法理论对听说法理论基础进行了彻底清算。乔姆斯基对听说法的结构主义语言学和行为主义心理学理论基础进行了全面批判，并提出语言不是一个习惯结构，而是一个生成转换结构；人脑中有一种先天的语言习得机制，学习者通过语言规则可以创生许多新语言；语言能力决定语言行为。乔姆斯基认为语言是一种受规则支配的系统（rule-governed system）。因此，学习语言不是单纯模仿、记忆的过程，而是一种创造性的活动，是用“有限的规则和材料生成无限句子”。

这种观点认为语法可使人“生成出无限的、以前没有听见（或看见）过的、合乎语法的句子”，使人“听（看）懂以前从未听（看）见过的句子，并判断出其语法上是否正确”。语言是人类先天所具有的能力，是人生下来大脑中就固有的能力，即主张语言学习“天赋观念论”。认知法在语言学习“天赋观念论”的基础上形成。

（二）认知法的心理学基础

认知法以认知心理学为理论依据，重视感知、理解、逻辑思维等智力活动在获取知识过程中的积极作用，强调对语言规则的理解，重视语言教学中母语与外语的交叉对比作用，着眼于培养学生实际运用外语的语言综合能力。认知法的心理学理论基础之一是瑞士心理学家皮亚杰 20 世纪 60 年代创立的“发生认识论”，其研究的主要内容是知识是怎样通过人们的思维和心理活动最终形成和发展的。皮亚杰认为掌握新知识是一种智力（或智慧）活动，这种活动含有一定的认知结构，而不是行为主义心理学“刺激—反应”论所能完成的。他认为人类不同于动物，人是有智慧的。无论是接受刺激，还是对刺激做出反应，都是受认知结构所支配的，其内在动因是认知的源泉，从而提出了一定的刺激，被个体同化，并置于认知结构之中，才能对刺激做出反应。离开了这种认识活动，人既不能很好地调整和融洽个体与自然界的关系，最终也就不能获取任何知识和技能。智力活动，每一种智力活动都具有一定的认知结构。他提出的认知发生论强调人类活动相互作用的特性；他把人的活动看成是具有智慧的人调整个体与自然界的关系的行为。他认为人的内部机能结构既具有理解的功能，又有发现或发明的功能，而且这两种功能不可分割。

认知法的另一心理学基础是美国心理学家杰罗姆·西摩·布鲁纳的基

本结构和发现理论。布鲁纳认为学习是一个认知过程，是学习者主动形成认知结构的过程。布鲁纳的认知学习理论是建立在对人类学习进行研究的基础上的，所谈认知是抽象思维水平上的认知。其基本观点主要表现在下面三个方面：

1. 学习是主动地形成认知结构的过程

人是积极主动地选择知识的，是记住认识和改造知识的学习者，而不是被动的接受者。布鲁纳认为，学习是在原有认知结构的基础上产生的，不管采取的形式怎样，个人的学习，都是通过把新得到的信息和原有的认知结构联系起来，去积极地建构新的认知结构的。布鲁纳认为学习包括三种几乎同时发生的过程：新知识的获得、知识的转化、知识的评价。这三个过程实际上就是学习者主动地建构新认知结构的过程。

2. 强调对学科的基本结构的学习

布鲁纳认为所有的知识，都是一种具有层次的结构，这种具有层次结构性的知识可以通过一个人发展的编码体系或结构体系（认知结构）而表现出来。因此，他非常重视课程的设置和教材建设，他认为，无论教师选教什么学科，务必使学生理解学科的基本结构，即概括化了的基本原理或思想，也就是要求学生以有意义的联系起来的方式去理解事物的结构。如果把一门学科的基本原理弄通了，则有关这门学科的特殊课题也不难理解了。布鲁纳认为教学的真正目的是使学生能在某种程度上获得一套概括了的基本思想或原理。这些基本思想、原理，对学生来说构成了一种最佳的知识结构。知识的概括水平越高，知识就越容易被理解和迁移。

3. 主动发现形成认知结构

布鲁纳认为，教学一方面要考虑人的已有知识结构、教材的结构，另一方面要重视人的主动性和学习的内在动机。他提倡发现学习法，以便使学生更有兴趣、更有自信地主动学习。发现法的特点是关心学习过程胜于关心学习结果。具体知识、原理、规律等让学习者自己去探索、去发现，这样学生便积极主动地参加到学习过程中去。布鲁纳认为发现学习的作用有以下几点：①提高智慧的潜力；②使外来动因变成内在动机；③学会发现；④有助于对所学材料保持记忆。

约翰·卡鲁尔教授于1964年首先提出了认知法，他认为第二语言是一种知识的整体，外语教学主要是通过对它的各种语音、词汇和语法形式的学习和分析，从而对这些形式获得有意识的控制的过程。而语言的运用能力将会随着语言在有意义的情景中的使用而得到发展。认知法学习理论主张学习句型要理解句子结构，在理解的基础上进行操练。此外，认知法主张进行有意义学习。卡鲁尔提出的理解先于操练的认知法与奥苏贝尔的有意义学习理论如出一辙。奥苏贝尔在《教育心理学：一种认知观》一书中表述了有意义学习理论。他认为学生学习的内容是人类积累下来经过反复加工组织的以符号和语言表述出来的科学文化知识。为了找出有效的学习知识的方式，奥苏贝尔根据两种不同的标准把学生的学习分成两类。第一种分类将学习分为“发现学习”和“接受学习”。发现学习是学生通过自己再发现知识形成的步骤而获取知识，并发展探究性思维的一种学习方式；接受学习指学生理解教师呈现的学习内容，并将这些内容组织到已有的认知结构中去，以便将来可以运用它或把它再现出来的学习。第二种分类将学习分为“机械学习”和“意义学习”。机械学习，即不加理解，反复背诵的学习，亦即对学习材料只进行机械识记，不理解学习内容的学习。意义学习，即理解知识的内在联系之后的学习。奥苏贝尔认为有意义学习比机械学习的功效大得多。在有意义学习中，学习者能够将有潜在意义的材料同自己的认知结构中已有的观念建立联系，与此同时，学习者把自己有效的知识作为理解接收和固定新知识的基础，学习材料被同化到学习者认知结构的相应部分中去，获取新的意义。这样，学习者既容易获得知识，而且习得的知识也更容易保持。有意义学习通过把新知识与学习者认知结构联系起来，克服了学习者在学习过程中信息加工和储存的机械性。

（三）认知法的教学原则

认知法以认知心理、转换生成语法理论、有意义学习理论作为其理论基础，在批评总结以往教学法，尤其是听说法的基础上，形成了以下教学原则：

1. 以学生为中心。认知法研究的是中学生以上的成年人在自己国家的环境中学习外语。它认为在外语教学中，学习者的内在学习因素起着决定性的作用。因此，教学应以学生为中心，课堂教学要以学生的实际操练为主，最大限度调动学生的积极性。同时，认知法还认为，由于课堂教学的时间有限，学生必须有计划、有目的地进行课外自主学习。教师在课堂上除了帮助学生掌握外语知识、培养学生用语言的基本能力之外，更重要的是教给学生科学的自学方法和培养学生的自学能力。

2. 在理解语言知识和规则的基础上操练外语，强调有意义的学习和有意义的操练。认知法认为学习外语不仅是一种养成习惯的过程，而且是一套须遵循语言自身规律的受规则所支配的创造性活动。人类学习语言的过程，就是掌握规则的过程，学生只有在理解和掌握这套规则的基础上才能进行言语活动。掌握规则的途径，一是发现规则；二是创造性地运用规则。发现规则是基础，但更重要的是培养学生创造性地运用规则的能力。所以，认知法在进行中重视语法规则的理解，在理解规则的基础上进行语言活动，进行外语的言语操练活动，并坚持这种言语操练活动应贯穿整个语言教学之中，而非简单地反复模仿和进行机械记忆。

3. 听、说、读、写齐头并进，全面发展。认知法在处理听、说、读、写关系上主张在学习语言的同时让学生学习文字，认为对成年人来说，学习外语最好的途径是通过多感觉器官（如眼、耳等）同时或相继地综合运用，单纯依靠声音学习语言是不会收到良好的学习效果的。因此，认知法主张外语教学一开始就进行读、写、听、说的全面训练。认知法追求的外语教学目标是培养学生实际而全面地运用外语的能力。

4. 利用母语与外语的对比分析进行教学。各种语言的语法具有一定的普遍性和共同性，因此，应该有意识地、恰当地利用母语与外语进行对比分析，引导学生正确地进行语言信息的形式转移。认知法认为母语是学生已有的语言经验，这应作为学生学习外语的基础。

5. 对错误进行分析后加以纠正。认知法将语言的学习看作“假设—验证—纠正”的过程。在这个过程中，学生出现错误在所难免，教师要对学生的错误进行分析，了解学生产生错误的原因，有针对性地进行纠正，逐步培养学生正确运用语言的能力。对那些因疏忽、不熟练而产生的错误，仅做一些指点，而非见错就纠，否则会使学生出现怕出错的紧张感，造成心理压力。少纠正比过多纠正好；事后指出或提醒比当场训斥好。其目的是不伤害学生的积极性，不给他们造成心理障碍。

6. 广泛利用直观教具和电化教学手段，使外语教学情景化、交际化。这有助于创造外语环境，增加学生使用和参与外语活动的机会，进而使外语教学活动得以强化。同时，通过多媒体、网络和语言实验室等现代化手段进行外语教学，可以增强课堂的教学信息容量，使学生的自主学习在课堂上得以实现。

（四）认知法的教学程序

认知法把外语教学程序分为三个阶段：

1. 语言理解阶段

在认知法看来，所谓理解，就是让学生理解老师讲授的和提供的语言操练和语言规则的意义、构成和用法。认知法之所以把理解作为外语教学的第一阶段，是因为理解是学生从事言语活动的基础，学生的一切语言操练都应该建立在理解上。如句型的操练听说读写各项能力的培养等。应该注意的是，语言规则的理解并非依赖教师的讲解，而是在教师指导下让学生发现语言规则。

2. 培养语言能力阶段

认知法认为，人不分种族、民族性别、智力，都与生俱有习得语言的才能和潜能。外语的学习不仅需要语言知识、结构的掌握，还要学会正确使用语言的能力。外语语言能力的培养要通过有意识、有组织的练习获得。这个阶段既要检查学生对语言知识的理解情况，又要培养学生运用语言知识的能力。

3. 语言运用阶段

这个阶段的教学任务是培养学生运用语言知识，进行听、说、读、写的能力，尤其重视学生的实际交际能力，即注意对学生在脱离课文后的创造性语言交际能力的培养。因此，进行课文以外的专门的语言交际能力的训练显得十分重要。这类训练的方式有以下几种：多种形式的交谈、专题讨论、连贯对话多种形式的自我叙述、口头作文或专题发言、多种形式的学生的笔头记述、场景游戏中角色的扮演、笔头作文、口头或笔头翻译等。这些训练，关键在于营造一个积极的语言小环境，调动和激活每一个学生的兴趣和参与意识。这个阶段将前两个阶段学得的语言知识内容与实际运用能力结合起来，目的在于使学生听、说、读、写各个方面的能力都得到发展。

从以上介绍中，我们可以清晰地看出认知法重视语法教学和语法在学语言中的作用，强调语法理论知识的重要。认知法的倡导人约翰·卡鲁尔在该法初创时曾宣称此法是“语法翻译法的现代形式”，他在《语法翻译法的现代形式》一文中首次提出认知法。认知法将学习外语看作主要是掌握语言规则，而不是去形成一整套言语习惯。老师首要的任务是要在学生认知结构中建立语法规则的体系，在理解掌握语法规则的基础上，通过逻辑推理，创造性地运用语法规则。在语法知识的教学上，认知法依据奥苏贝尔提倡的类属学习，主张采用演绎法讲解。认知法重视语法规则的理解，把语法从死记教条、定义改造成为实际掌握和使用语言，把语法同语言使用结合起来；精选语法中有助于实际掌握语言的规则教给学生，使其学了就用，避免孤立地死记硬背。

第六节　全身反应法

一、全身反应法的背景

20 世纪 60 年代中期，全身反应法（简称 TPR），由美国加利福尼亚州圣约瑟州立大学心理学教授詹姆士·阿歇尔（James 艾舍尔）首创，并盛行于 20 世纪 70 年代。TPR 顾名思义是通过全身动作反应学习语言的一种方法，即通过全部身体动作与所学语言相联系教学其他语言。其早期教学的主要对象是美国移民子女。TPR 主要根据大脑两半球侧化理论组织语言教学。右脑主管形象思维，左脑主司逻辑思维，并强调左、右半脑互动、协调发展。语言教学需在形象思维的基础上进行逻辑思维活动，并在特定的情景中进行第二语言教学。根据儿童习得母语过程的规律，儿童习得母语有一个长期听力理解的过程，然后才有说的发展。因此，习得第二语言首先也需有一个学习听力的过程，然后在听的基础上逐步发展说的能力，最后才发展读和写的能力。正由于 TPR 强调运用祈使句语言配合动作使学习动起来，所以 TPR 也被称作“语言动起来”教学法；又由于 TPR 提倡听力理解领先于说的发展，所以它属于领悟、理解教学法范畴。

全身反应教学法源于直接法、听说法、情景法，并与它们的理论与实践相关。艾舍尔从中吸取了有益的理论与实践成果。直接法的代表人物古因极力提倡系列动作与语言相结合的外语教学法，并以表述系列动作的动词为中心和句子为教学的基本单位。

我国直接法的代表人物张士一先生所编的直接法英语教科书的第一课也提倡系列动作与英语相结合，以表述系列动作的动词为中心和以句子为说话的单位，并以命令句进行外语教学，如图 4-3：

Lesson 1
Come here
Take up my book
Open my book
Close my book

图 4–3　直接法英语教科书

外语教学先设计一个只听不说的输入理解阶段，然后在听力领会、理解的基础上再进行说的输出训练，这并非艾舍尔的首创。早于艾舍尔半个世纪，英国著名的口语教学法和情景教学法家帕默（1917）在《语言的科学研究与教学》中就明确提出，将“听”设计在“说”之前，设置一个听力阶段，即在表达输出训练之前先进行长期、单纯的听力领会、理解输入训练，在有了一定听力理解基础后再进行说的教学。1959 年，帕默还出版了《行为学英语》教学法一书，强调行为与语言协调发展。但这些观点之前未能受到外语教学界的重视，艾舍尔则吸取了这些有益的成果。

领会、理解教学法倡导者威尼茨和布莱尔将听力领会、理解先于说表达的方法归类于领会、理解教学法（comprehension approach）的范畴。威尼茨（1981）举了一个实证的例子。纽马克有一份语言学习过程的描述，他在荷兰住过四个月。期间，他将一个只说英语的四岁小孩与另一个只说日语的孩子送进了学龄前幼儿园。两个孩子开始对荷兰语一无所知，但在四个月时间里，他们都熟练地掌握了荷兰语。纽马克观察到，两个孩子在前三个星期内很少或根本不说荷兰语，然后开始使用一小部分固定表达法，如“是”“不是”。最后，一旦他们能领会、理解周围人说的荷兰语，他们就开始造出完整的句子。根据调查研究的资料，威尼茨提出领会、理解教学法及其几个主要观点：

1. 语言学习，理解能力先于表达能力；

2. 在理解能力的基础上进行说的表达能力训练；

3. 通过听力训练，能转换获得其他言语技能；

4. 外语教学的重点是语言意义，而非语言形式；

5. 尽量减轻学生学习的心理压力。

在语言教学起始阶段，教学的重点放在行为与领会、理解语言之间的联系上。这种行为与语言相结合的教学法建立在心理学、语言学，尤其是记忆痕迹理论、大脑两半球侧化理论、发展心理学和人本主义心理学的基础之上。

二、全身反应法的理论基础

全身反应法主要以心理学和语言学，其中尤以发展心理学、大脑两半球侧化和人本主义心理学的理论为其理论基础。

（一）全身反应法的心理学理论基础

1. 记忆痕迹理论

心理学中的记忆痕迹理论认为，记忆越经常、越强烈，则联想与回忆越快捷和容易。记忆可以通过口头完成，也可以和肢体动作活动相联系。结合痕迹活动，如伴随着肢体动作活动的练习，可以提高成功回忆的效益。

2. 言语发展心理学

从发展心理学的角度出发，艾舍尔认为，人们习得第一语言（母语）和学习或习得第二语言的过程是平行前进的。因此，人们学习或习得第二语言的过程需反映习得第一语言（母语）的过程。既然成年人学习或习得第二语言与儿童自然习得母语的过程基本相同，那么依据儿童自然习得第一语言（母语）的过程，至少可得出以下几个结论：

（1）存在一个先习得听力的阶段

儿童习得第一语言（母语）的过程中，在习得说话能力之前，存在一个先习得听力的阶段。儿童习得母语伊始先听到大量父母和周围的人所说的口语，并被要求用动作做出理解的反应，而不需也不可能对听懂的口语做出模仿发音的反应。儿童在大量听懂、领会、理解语言的基础上，在大脑中就会形成关于口语的内在蓝图，这种内在口语的蓝图是随后习得说话能力的坚实基础。因此，学习第二语言需从听有意义的话语起始。

（2）要求对听到的话语做出反应

父母、周围人员对儿童说话，有时需反反复复说上数十遍，要求儿童听懂、领会理解他们所说的话语，并渴求儿童做出理解的反应。因此，儿童先获得听的理解能力是由于长期听父母和周围人们反复说话，并要求他听到口语后产生行为反应的结果。

（3）具有听的理解能力，说话能力会自然产生

儿童通过长期听力训练，逐步听懂、领会、理解人们所说的言语，并做出恰当的行为反应。儿童一旦有了一定的听力理解能力，建立了一定的听力基础，说话能力就会水到渠成，自然产生。因此，“听”是说、读、写能力的基础，说、读、写的能力只有在“听”的基础上才能获得发展，在未能把握听力之前不应急于说话表达。

（4）儿童听的大多是命令句

儿童习得母语的过程最初听到的大多是口头命令句，听口头命令句，并做全身动作反应，在长期听懂命令句的基础上再学会口头话语，并用语言做出反应。

3. 大脑左、右两半球侧化理论

大脑左、右两半球侧化理论认为，左脑半球主管语言、数学计算等逻辑思维，而右脑半球则主司动作、音乐、图像等形象思维。传统的外语教学观点认为，外语学习大多用的是大脑左半球的功能，因为外语词语直接与逻辑思维的左半脑联系，而艾舍尔则认为 TPR 先直接与动作、图像、音乐形象思维的右脑半球联系，然后通过形象思维再与语言理解逻辑思维相

连接。艾舍尔根据神经病理学家对动物大脑和一位癫痫病儿童的研究成果认为，言语活动集中在右半脑，儿童通过右半脑动作活动习得语言。在儿童通过右半脑动作活动的基础上，左半脑才开始语言活动。

成人学习或习得语言的过程与儿童习得语言过程雷同。成人首先通过右半脑动作活动与语言相联系。右半脑动作先开始活动，左半脑才同时开始观察和学习。一旦右半脑有足量的学习动作产生，左半脑语言活动就被激活。

4. 减轻心理压力

人本主义心理学对TPR起了重要的推动作用。它对人的心理情感意志、需要层级价值取向、潜能和创造才能等方面的独到理念，直接影响到当时蓬勃发展的 TPR 的外语教育教学改革。人本主义心理学关于降低学生学习心理压力的观点，有利于掌握语言内容、转变价值观。降低压力不仅有利于掌握所学语言知识与内容，而且也能促进人的价值取向、基本信念和态度的转变。例如，把外部压力、讥讽、羞辱、歧视等看作对学生个人的精神威胁，学生就会对其采取防御措施或加以拒绝；而当外部威胁、压力降到最低程度时，并处在相互信任的情境之中，学生就比较容易集中注意力、辨别、理解吸收、记忆和运用所学语言知识和内容。

艾舍尔的全身反应法依据人本主义心理学关于降低学生学习心理压力的观点，提倡师生通过轻松愉快、生动活泼的全身反应动作与语言相结合学习外语，不仅能降低学习者学习语言的心理压力，而且还能营造轻松愉快的学习情境，有助于学生更有效地发展运用外语进行理解和表达交流思想情感的能力。

艾舍尔还吸取了人本主义心理学关于情感因素在学习中发挥积极作用

的观点，认为一种对学生的言语输出不做严格要求，并带有游戏性质的方法可以减轻学生的心理负担，培养愉快的学习情绪，提高学习效率。理想的语言教学应该提供大量的可理解性输入，而且学生在无任何抵触心理的情境下，易于接受和吸收所有的语言材料输入，然后转化为语言材料的输出。

（二）全身反应法的语言理论基础

尽管艾舍尔并未直接论述全身反应法对语言本质的观点和语言学的理论基础，但从其对发展语言听说读写能力及其设计的教学顺序，强调祈使句为语言教学内容的中心、课堂操练的内容名称、组织安排形式的视角看，其语言学理论基础显然建立在结构主义语言学的基础之上。艾舍尔也说，大部分结构和成千上万单词可通过教师熟练运用祈使句掌握。其具体体现在以下几个方面：

1. 听力基础上发展口语能力，口语能力基础上发展书面语能力

无论从人种族，抑或是个体，首先习得的是口语听力，继而发展听说口语能力，然后在口语能力的基础上习得书面语能力。口语是第一性的，书面语是第二性的，而听力的习得又先于说话能力的发展。

2. 祈使句型是教学的核心

祈使句是语言句型或语法结构之一，祈使句型是TPR外语教学的核心，动词又是祈使句的核心要素。全身反应法认为，外语教学需围绕祈使句型及其动词作为核心进行教学。艾舍尔（1977）认为，“很多目标语的语法结构和成千上万的词汇项目，只需在教师的指导下熟练地使用祈使句，是可以学会的。”

3. 习得认知语言图式和语言语法结构

艾舍尔认为，语言由抽象和非抽象两部分组成。而语言非抽象部分大

多数是以具体名词和祈使句的动词呈现的。学生不使用语言的抽象部分，就能习得一份详细的“认知图式”和一种“语言的语法结构”。

艾舍尔是这样论述语言认知图式的，“语言的抽象部分可等待学生已掌握目标语的认知图式之后再学。人们照搬语言语法结构学习抽象语言是没有必要的。一旦学生将语法内在化之后，抽象语言就可被引入和被解释于目标语之中。”

4. 语言整体内化

语言作为一种句型结构，如祈使句型结构，是一个被学习者整体吸收和整体内化的过程。艾舍尔认为，大部分句型是作为整体被内化的，而不是单个词汇项目内化。因此，在语言学习和交际运用时，句型作为预制板能起主导作用。

三、全身反应法的基本原则

1. 师生关系

师生关系观认为，教师起直接和积极的作用，而学生则是聆听者和说话者。形象地来说，就是“教师是一出戏的导演，学生是演员。教师决定教什么，用什么新教材，由谁扮演什么角色”。教师依据选择教材的内容，或以祈使句为核心框架设计教学。教学伊始，教师用外语发出指令，提供给学生最佳听言语的机会，让学生个人或集体根据教师指令做出全身动作反应，并逐步内化所学语言内容和规则，逐步形成认知图式。学生只是一个听众或在导演指导下的一位演员，无权决定学习内容。当然，全身反应法也要求：“教师在写教案时，需要写出全部所教内容的正确意思，这是教师的聪明之举，尤其是在写新要求内容时，必须写得正确。”这是备课优良、组织好课以达课堂教学流畅、有序和预期目标的必要前提。

艾舍尔还认为，教师的作用不是教给学生内容的多寡，而是提供给学生更多次的实践机会。教师要呈现最佳指导性的目标语言，以便学生能以最佳的目标语言内化语言结构。因此，教师是语言输入的掌控者，而学生则是语言输入的接受和吸收者；教师提供新语言材料的认知图式，而学生则动脑进行加工处理，形成语言认知图式。诚然，教师也期望学生相互之间发挥创造性运用语言的能力。

2. 听力发展先于说话能力

听力发展先于说话能力，听力领先是极为重要的原则。教学伊始，首先培养学生的听力理解能力，然后在听力的基础上发展学生说话表达能力。只有充分建立在听力理解的基础上，说话能力才能自然产生。如若听和说两种技能同时训练，由于缺少听力理解的基础，学生不仅对说话难以做好能力和心理上的准备，而且又常因说不出或容易说错而造成学习负担，增加心理压力，影响语言学习。

3. 通过动作发展听指令的理解能力

通过动作发展听指令的理解能力是英语教学的关键。依据大脑两个半球侧化理论，语言听力理解逻辑思维与动作形象思维相结合能加速理解和发展听的能力。听指令的理解能力与全身动作相联系不仅易于理解，而且也便于记忆。听指令是语言交际的基本能力之一。艾舍尔认为，语言的大多词汇项目和基础语法结构都可以通过指令配合动作进行教学。因此，通过全身动作发展听指令的理解能力是语言教学的关键。如无全身动作的配合，一个新词语或一个祈使句型即使多次重复操练，对学生来说也仍然是一些噪声，难以理解。

4. 听力内化语言结构，说话自然发生

学生学习语言首先需要建立听力理解能力。吸收有了听力内化语言结构的基础，说话能力就会自然产生。学习语言伊始，首先发展听力理解能力，不可强迫学生提早说话。只有听力领先，学生一旦听力理解足量所学词语和语言结构，就能将词语和语言结构内化成认知结构，说话能力就会水到渠成，自然产生。如若强行给学生施加压力，强迫学生提早说话，就会引起学生的紧张情绪，干扰、抑制大脑思维活动，事与愿违。

5. 有准备的说话练习

为了减轻学生的思想负担和心理压力，允许学生做有准备的说话练习。因此，教师并不勉强学生在无准备的状态下做说话的操练。

6. 教学强调语言意义，而非语言形式

任何语言都有意义和形式两个方面。语言的意义与形式是一个硬币的正反两面，不可分割。在处理语言意义和形式之间的关系时，存在着两种截然相反的理念，一种是以语言形式为主、语言意义为辅，如语法翻译法就是以语法为纲或以语言学习为主；强调语言意义，而非语言形式，旨在发展学生的听说能力和交际能力，而语言形式为发展交际能力服务。

7. 容忍学生所犯的语言错误

除发音外，教师对学生所犯的语言错误应抱有容忍态度。但 TPR 主张学生之间相互纠正所犯语言错误。而且，随着学生学习的发展和深化，教师的干预则有所增加。

8. 降低学生心理压力

减轻学生学习紧张情绪和降低学生学习心理压力，不仅能促进学生理解和运用语言的能力，而且能营造轻松愉快、生动活泼的课堂气氛。

第七节 任务型语言教学

任务型语言教学的产生可溯源到海姆斯的交际能力理论的出现和随之而来的交际教学法。交际教学法发展到现在已从最初的种教学途径成为一种教学思想。在交际教学思想的指导下，有各种各样的路子。现在很多教学研究者不再使用“交际教学法”这个概念。

任务型语言教学正是诸多交际教学途径中的一种。可以说，任务型语言教学的教学思想仍然是在交际语言教学思想的理论框架之内。其主要的教学原则和理念与交际语言教学的主张是相同的。因此，J.C. 理查德和 T.S. 罗杰斯在他们最新出版的《语言教学的途径和方法》（*Approaches and Methods in Language Teaching*）一书中把任务型语言教学也归为交际语言教学的一种途径。任务型教学指以任务为核心单位计划、组织语言教学的途径。其倡导者（如威利斯，1996）认为任务型教学是交际语言教学的逻辑发展，因为它与交际语言教学的若干原则是一致的。例如：

①包含真实交际的活动对语言学习是至关重要的；

②语言用于完成执行有意义的任务的活动能够对学习起促进作用；

③对学习者有意义的语言能支持学习过程。研究者们认为任务是将这些原则付诸实践的有效媒介物，学习者可以通过完成各种任务发展交际的能力。

（一）任务的定义

关于任务的定义，在《任务型语言教学》一书中一共列有以下观点：

1. 简・威利斯认为：“任务是学习者为了做成某件事情用目的语进行的

有交际目的的活动。”

2.M. 拜盖特、P. 斯凯恩和 M. 斯温从学生自主学习的角度认为，任务是一种可以受到学习者选择的影响，可以根据学习者自己的理解而变化的活动。这种活动需要学习者为了实现某个目标而有意义地使用语言。

3. 大卫·努南从交际的角度认为，交际任务是学习者使用目的语来理解领悟、处理问题、发挥创造、相互交流的课堂教学活动。在做这样的活动时，学习者的注意力集中在运用他们的语法知识去表达意义上，而不仅仅是机械地使用语言的形式。

4. 杰克·理查兹、约翰·普拉特和海迪·韦伯从教育的角度认为，任务是人们在学习、理解、体会语言的过程中所开展的活动。比如在听录音的同时画一幅地图、听指令做出动作的反应等。

5. M. 布林具体从语言学习的角度来界定任务：一个任务是精心组织的、以促进语言教学为目的的一系列教学活动。这些活动有自己特定的目标、适当的内容、特有的学习程序及各种不同的成果。

6. M. 威廉姆斯和 R. 伯登对任务下的定义比较宽泛，他们认为，凡是能促进学习者语言学习进程的活动都是任务。

7. P. 斯凯恩总结了 C.N. 坎德林、大卫·努南、M.H. 朗等人的观点，对“任务型”中的任务做了五点定义：

①任务以意义为主；

②任务中有问题需要通过语言交际进行解决；

③任务与真实世界的活动有类似之处；

④首先要完成任务；

⑤根据结果评估任务。

也就是说，任务关注的是学生如何沟通信息，通过交流互动解决交际问题，而不是强调学生使用何种语言形式；任务具有在现实生活中发生的可能性；学生应把学习的重点放在如何完成任务上，对任务进行评估的标准是任务是否成功完成。从以上不同的任务定义我们可以看出，学者们对任务主要有两种看法。一种认为任务包括所有学生在课堂上要做的事情，即学习语言形式的活动，如语法练习和有控制的操练活动。任务不一定要是交际性的，也可以是机械性的、重复性的。另一种观点则认为任务与交际之间有必然的联系，任务的目的就是意义的交流，那些以语言形式为焦点的活动（如语法、语音及词汇练习）都不是任务，只能是“练习”。

（二）任务型语言教学的特点

任务型语言教学的特点有：

1. 重点关注的是学习的过程，而不是学习的结果。

2. 强调交际与有意义的活动和任务。这些有目的的活动和任务是学习过程中最基本的成分。

3. 学习者是在参与活动与完成任务的过程中，通过交际性的和有目的的交互活动掌握语言的。

4. 需要学习者完成的任务活动既可以是生活中真正的任务或活动，也可以是在课堂内为了教育目标而设计的任务或活动。

5. 在任务型大纲中，任务与活动是根据任务难度来排列的。

6. 任务的难度取决于一系列的因素。如学习者过去的经历，任务的复杂程度，完成任务所需的语言以及完成任务时有哪些可以得到的支持等。

（三）任务型语言教学的理论基础

任务型语言教学的理论基础来自许多方面，有心理学、社会语言学、语言习得研究、课程理论、学习理论、认知理论、心理发展及教育理论等。但它最重要的理论基础是语言习得理论和社会建构理论。

斯蒂芬·克拉申区分出了两个语言学习概念：学习和习得。学习是指通过教学有意识地学得语言；而习得则是指通过交际无意识地接触语言系统而掌握语言。克拉申强调，掌握语言大多数是在交际活动中使用语言的结果，而不是单纯训练语言技能和学习语言知识的结果。克拉申认为，学生掌握语言必须通过“可理解性的输入”。假如输入在一定限度上超出个人的现有水平，习得就自然而然地产生。根据语言习得的规律，语法知识的记忆不能保证语言使用的正确性，必须有大量语言的输入才能使学生掌握所学习的语言。即使学生已经能背诵语法的规则，仍然不一定能在实际使用时正确地运用。也就是说，语言学习者能理解一项语法规则，未必能内化并运用这项规则。语言学习者不仅需要不同情景下反复接触含有这种语法规则的实践机会，而且还需要在不同的情景下、不同的语境中使用这些固定的表达方法，从而逐渐发展自己的语言系统。

M.H. 朗提出，语言必须通过“对话性互动”才能习得。M.H. 朗认为，语言习得不可缺少的机制是“修正性互动”，学生所需要的并不是简单的语言形式，而是可理解的输入与输出的机会。美林·斯温的输出假设认为输出与输入的作用不同，学习者仅理解输入是不够的，还必须有机会输出。语言习得的研究表明，学习者的参与与语言熟练程度的提高关系很大。因此，任务型语言教学的倡导者认为，掌握语言的最佳途径是让学生用目的语去做事情，即完成各种任务。当学习者积极地参与用目的语进行的尝试时，语言就容易被掌握。当学习者所进行的任务使他们当前的语言能力发挥到极致时，习得也就扩展到了最佳程度。在任务型语言教学活动中，学生的注意力集中在语言所表达的意义上，努力用自己所学习的语言结构和词汇来表达自己的意思，交换信息。这时，他们的思维过程与集中在语言形式上的机械性练习是不同的。

社会构建主义理论认为，学习和发展是社会活动和合作活动。这种活动是无法教会的。知识是由学习者个人自己构建的，而不是由他人传递的。这种构建发生在与他人交往的环境中，是社会互动的结果。它强调学习者个人从自身经验背景出发，构建对客观事物的主观理解和意义，重视学习过程而反对现成知识的简单传授。它强调人的学习与发展发生在与他人的交往和互动之中。教学应该置于有意义的情境中，而最理想的情境是所学的知识可以在其中得到应用。学生个人的发展是教学的核心，因此，教师在组织教学的过程中，要特别注意以学生为中心，注重在实际情境中进行教学，尽可能多地为学生提供丰富的语料和语境，将学生校外的生活经历与校内的学习活动联系起来。教师最重要的作用是激活学生的内在知识系统。社会构建主义理论支持下的任务型语言教学主张学习过程应充满真实的个人意义，要求外语教师学会促进学习者的全面发展、学习能力的发展、积极的情感因素和健康人格的发展。

（四）任务型语言教学的特征

大卫·努南就任务型教学的特征概括如下：

1. 强调通过用目的语互动学会交际；

2. 将真实文本引入学习环境；

3. 为学习者提供不仅关注语言，而且关注学习过程本身的机会；

4. 增强学习者个人经历作为重要的、促进课堂学习的要素的作用；

5. 努力使课堂语言学习与课外语言激活联系起来。

若对努南的表述进行分析，可发现其中所体现的任务型教学所遵循的原则：

①互动性原则

互动途径本身是学会交际的最佳途径。重视互动作用还隐含了其他有助于语言学习的原则，包括合作学习原则内在动机原则以及与情感相关的冒险原则等（成功的学习者乐于冒险）。

②语言材料的真实性原则

语言是文化的载体，从某种意义上说，学习一种语言就是学习一种文化。引进真实文本的意义在于：真实文本使学习者直接接触目的语文化，有助于获得对目的语的真实体验。强调引入真实文本有利于培养学习者的文化意识、语境意识。

③过程原则

让学习者体验学习过程是任务型学习的宗旨之一，在某种情况下学习过程是第一性的，而学习内容是第二性的。另外，交际是一个过程，交际能力的获得也是一个过程。任务型教学使得学习者在完成任务、用语言解决问题的过程中，感悟语言、内化语言、学会交际。

④重视学习者个人经验对学习的促进作用原则

任务型教学坚持有效的语言学习不是传授性的，而是经历性的，这体现了对学习者主体地位的确认和关注。学习者个人经历对学习的促进作用一方面表现为对学习活动的积极的认知参与，另一方面表现为学习者个人原有的知识结构、经验背景及对认知客体的兴趣情感将促进学习者将新习得的信息纳入原有的认知结构，使原有认知结构得以丰富扩展或调整修正。

⑤课堂语言学习与课外语言使用相关性原则

任务型教学注意到了传统语言教学与社会实践脱节的问题，并试图予以克服，它旨在把语言教学真实化和课堂社会化。真实和与生活中的任务相似也是任务型教学中选择“任务”的标准，以保证大多数学生认为有兴趣、有价值和有动力，学生也会竭尽全力去做并从任务的完成中获得自我愉悦感和成功感。

综上所述，“任务型语言教学”反映出外语教学目标与功能的转变，体现了外语教学从关注如何教到关注如何学，从教师为中心转为学生为中心，从注重语言本身转到注重语言习得与运用的人的变革趋势。从语言教学的角度看，任务型教学的直接目的是要为学习者提供自然的语言学习环境，培养学生应对真实生活中交际问题的能力。完成任务的过程能产生大量人际交流互动机会。“任务型教学”一定程度上把语言能力目标与生活工作能力目标联系起来，通过完成任务学会交际已超越了语言学习本身。

范・巴腾提出了一个观点：在语言输入与语言习得之间，有一个语言吸收的阶段，语言吸收被看作语言输入和学习者内化语言规则的一个中间环节。语言吸收只有融合到学习者中介语系统后才成为隐性知识。

学习者注意到了语言材料，理解并纳入其短期记忆系统吸收之后，还没有完全掌握。仅有可理解性输入还不足以产生语言习得，语言学习者必须将语言输入与语言输出在一个有意义的环境中组合，语言习得才能真正有效。对此，多数研究者持语言形式与运用相结合的观点，在肯定语法教学必要性的同时，提倡给学习者提供大量机会，让他们接触、处理、使用语言形式，加深对各种情景中的形式—功能关系的了解，使得所学的形式真正成为其中介语行为的一部分。近年来的研究充分证明需要向学习者提供各种包含语言形式的交际机会，埃利斯建议将形式教学与交际机会相结合，在任务型教学大纲中穿插语法知识的讲解。语法教学应该是向学习者提供大量的机会，让他们一方面接触各种形式，另一方面能运用，既有语言的输入，又有语言的输出，语法教学只有与大量的外语交流机会相结合才能起到长久的效果。因此，根据任务型语言教学的理念，语法教学的原则可以归纳为：语法教学必须与以意义为导向的活动和任务结合，从而给学习者提供大量练习和使用语言形式的机会。

1991 年，M.H. 朗率先提出了“语意和形式兼顾”的新教学理念，以区别于单纯以形式为中心的“形式焦点”和单纯以意义为中心的“意义焦点”，主张在以交际为中心的课堂中采用一定的技巧和手段把学生的注意力引向交际中偶然出现的语言成分。

以任务为基础的教学对于第二语言教学并不陌生，但通常这些任务都是聚焦于意义而不是形式。然而近年来有学者提出了三种类型的任务，旨在提高学习者对语言形式的意识程度。同时，这些又是交际性的，因为学习者必须参与以意义为主的交流。埃利斯提出了三种类型的任务：以结构为基础的产出型任务、理解型任务、增强意识的任务。产出型任务需要使用目的语的形式来完成纯粹的交际活动，任务的材料从性质上来讲不仅仅局限于语法形式，但学习者必须借助目的语结构来完成这些任务。理解型任务是为了让学习者注意和理解经过精心设计的输入材料中的语法形式，通常情况下这些输入材料含有一定的刺激信号，要求学习者做出适当的反应。这两项任务是以隐性的形式在交际情景中介绍目标语的语法形式，强调学生在学习语法时必须置身于有意义的可理解的语言环境中，在具体的语言实践和大量的语言材料中推导出语言的规则，尽可能自然地习得目标语语法。而增强学习者语法意识的任务以完全显性的方式要求学习者用目标语互相谈论语法结构，语法形式就是任务内容。学习者通过分析谈论所给材料中的语法形式，从中推断出一定的规则。

第五章　高校英语教学改革

第一节　高校英语专业综合英语课程教学改革

高校英语方向教学中，专业英语教学主要训练学生的综合英语能力，现代教学应逐渐发生变化，成为学生面向社会的切实可用的一种纽带和桥梁，本节主要从四个方面阐述了在英语教学过程中的一些问题及解决方法探究，从切身的教学状况切入，从实践中来，到实践中去，在教学过程中逐步深化研究，将教学效果的体现和实际应用作为目标，充分发挥学生的主体地位，培养学生运用知识解决综合问题的能力和创新性思维。

一、从教学内容深入讨论综合英语课程教学改革

综合英语作为本科英语专业一、二年级的重点课程之一，其主要任务是传授系统的基础语言知识，包括词汇、语法、篇章结构、语言功能等，训练包括听、说、读、写的基本语言技能，同时指导学习方法，培养学生运用英语进行交际的能力。从学生的能力培养角度来看，教学和练习的重点应放在用嘴说、用笔写这种多重复用能力的训练上。在以中文为例的非外语环境中，处在基础阶段的教学行为几乎都是通过中学、大学课堂教学进行的，课堂下必须坚持精心备课、精心设计，课堂中必须完成在课堂下的课业设计，如坚持精讲、多练、以练为主的原则，运用复合练习设计进

行大量练习，为更高年级阶段的学习打下坚实的基础。

教材中的内容受时代背景、文化背景影响的关系，虽经典却不免老旧。而语言本身就是一个不断更新、替换、进步的过程，如果仍局限于课文的讲解，单一的内容会使学生脱离当前现实的语言环境，无法自如地将外语这项语言工具运用到实际使用当中。因此，笔者在这一届的教学中试验性地在一、二年级每一学期安排学生在学习课本内容之外加入了一些新的教学内容。根据语言能力基础设计，不同年龄、年级有不同的侧重方向：一年级偏向于听说练习，二年级偏向于加强读写训练。因此在大一的两个学期中，安排学生每个月观看一部英语电影或纪录片，看完后针对影片内容写一篇影评。例如，笔者推荐结合影像的学习，不但可以加强学生的语言熟悉度和敏感度、锻炼英语听译能力，而且能更加了解当代英语的语言习惯和用法。

在二年级的两个学期里布置学生在课外阅读一本英美文学史中的经典著作。根据学生语言的进步程度，第二学期阅读著作的难度和深度较第一学期的相应提升。阅读之余要求学生进行随笔记录，并在每个月将所读、所感、所想整理集合，提交一篇阶段性的读书笔记，内容、观点不受限制，需要结合时代背景分析作者的写作意图、概括该阶段阅读章节的内容大意并对具体细节进行剖析，阐述自己的理解和认识，最后就自己不理解的句子、段落提问，由老师进行解答。这样一来，教学内容上既体现课程本身的基础性和系统性，反映学科发展的动态性和现实性，又注重知识性和应用性。

二、从教学设计角度深入讨论综合英语课程教学改革

在传统的综合英语课堂上，基本都是以老师为主体，学生为客体的被动教学模式进行授课，老师讲得多，学生练得少，结果可能是学生在课上

只被动“接收”知识，却不能“接受”知识，授课内容得不到消化；并且因为学生自主思考和学习的能力没有得到训练和培养，他们无法对知识点归纳总结、举一反三，仅局限于课堂有限的内容范围内。因此，特别针对综合英语每周四个课时的课程设置，应改变传统模式教育理念下以教师为主体、学生为客体的教学模式，转而以学生为主体、教师为主导。在教学中注意综合英语教学设计内容的多样性，并做到以下几点：

首先，因材施教，不局限于传统意义上根据学生的不同来设计不同的教学方案，更多的是根据不同的教材、不同的教育手段进行不同的教学设计，如根据不同的教学内容、教学目的和要求选择用 PPT 教学还是以视频观赏模式进行。

其次，锻炼学生的自主学习能力。以教材《现代大学英语》为例，围绕每个单元的主题布置学生分组做展示，3 ~ 4 位同学一组，每位同学负责不同的任务，如教材第三册第五单元的主题为环境保护，那么其中一位同学负责引入如今地球生态环境的污染和破坏程度，另一位同学负责讲述环保的必要性以及监管部门的应对措施，最后一位同学负责将环保问题与身边的生活联系起来并做总结陈述，最后提出问题供全班同学一起思考、讨论。在展示结束之后，其他同学不仅要回答问题，还需要向台上的同学进一步提问，使得该次讨论变得更加深入。在这一教学方法的长期应用下，学生能够自主收集并整理资料，在综合英语能力素质中合理运用，提高英语沟通、表达和分析的能力。

最后，在现代英语教学中，更加注重强调课堂中老师、学生之间的相互配合、相互衬托。授课老师需要灵活运用书本内容，引导学生积极参与讨论。每一单元 Text A 的课后练习中有两部分，分别是“预习”和“讨论”，前者适合课文学习前互动，后者适合课文学习后讨论。预习部分中的问题较为简单，主要考查的是学生课前对文章内容的预习程度，因此答案都能从课文中找到，这一部分适合让学生在课堂上不依赖课本单独作答。而讨论部分通常由几种形式组成，包括短问题、短演讲、评论名言名句、辩论和延伸讨论等。这一部分的内容以分组讨论的形式进行。这一环节主要考查学生对课文内容的拓展应用，培养学生对已输入知识点的渗透力和思考力，锻炼学生用英语或者说用西式思维和语言模式组织语言、表达完整思路和想法的能力。

三、从现代教学工具角度深入讨论综合英语课程教学改革

随着信息科技的发展，教学工具的使用越来越频繁，对英语教学中的帮助也越来越明显，其特点逐渐趋向多样化和常态化，如电子白板、投影仪、幻灯片、互联网等多媒体设备都成了承载现代教学内容和课堂设计的重要手段，这为外语教学手段改革提供了可能。例如授课教师利用幻灯片展示单词、词组的释义和例句以及语法点，可以有效地缩减板书时间，提升课堂教学效率，扩大课堂容量，将死板的单词通过图形、图片、音频、来源发展示例等方式，更加生动地呈现在学生面前，通过多重认知刺激达到单词、词组的有效记忆；教师利用电子白板或投影仪可以直接将课前准备的资料向学生进行展示，过程中针对教学重难点向学生进行详细讲解，使课堂教学过程完全以教学过程为主，极大地缩减了课堂中因大量板书花费的不必要时间，在有限的课时内，能够有更多的时间，将课程内容体现在“学生为主体，老师为主导”这种设计理念之中；教师利用现有的互联网内容，

可以让学生观摩真实的英语交际情景，将准备好的相关习题共享，使学生在课后进行模拟针对性训练；另外，授课教师还可以将课堂教学过程录制成视频，作为资料供学生在课后复习巩固知识点。教师可以将“慕课”模式（标准化互联网视频教学）带到课堂，使外语教学突破时间与空间的限制，逐步形成“视频字典”，将教师的讲课内容变成应用工具，尽可能地满足高校英语专业学生的学习和实践。总而言之，授课教师应积极采用现代教学手段，发展多元的、全方位的教学模式；充分发掘英语的网络语言优势，为学生提供更加灵活、便捷的学习和实践空间。

四、从教学成绩评定方式角度深入讨论综合英语课程教学改革

传统的综合英语及其他英语课程成绩评定方式以传统闭卷考试为主的方式进行，久而久之导致学生产生了学习过程不重要，考试前临时抱佛脚、突击复习就能取得较好成绩的错误想法，从而忽略了课堂学习的重要性以及课下复习总结的必要性，也使教师在教学过程遇到的难度增大，因此要针对综合英语的教学成绩评定方式进行改革，转变学生的错误认知。例如，将成绩评定方式定为考试与平时成绩相结合、笔试与口试相结合，平时成绩包括出勤率、课堂参与、口头报告（presentation）成绩、单词及词组听写、读书报告成绩等。几种形式的考查和练习按一定比例构成学生的平时成绩，从而提升课堂教学效果。传统闭卷考试考查的是学生对词汇、结构搭配、语法的掌握程度、临场发挥及应变能力。而平时成绩的考核能够更加全面地测试学生在整个学期里听力、表达、阅读、写作等综合能力的进步和提升，这也是教学改革的最终目的。

通过对上述四点不同切入点的深入讨论，笔者认为，在进行综合英语课程的教学设计当中，传统的“我说你听”的外语教学形式已经不能够满足现阶段更加提倡整体运用综合能力的教学实际要求，对其进行教学改革是顺应时代进步和外语学科发展的必然选择。英语只是众多外语中的典型代表，“语言实践和常态化应用”是授课和学习的最终目的，所以教学改革也应以此为目标，从教学内容、教学设计及教学工具等角度进行针对性的完善和改革，以此提升课堂教学效率。与此同时，在进行综合英语教学改革过程中，教师应遵循外语语言教学不断学习不断实践的规律，分析外语教学的特点，在听、说、读、写这四项内容的基础上拓展教学渠道和领域，最终有效提高外语教学的全面性和时效性。

第二节　高校英语专业综合英语课程的教学改革方法

综合英语课程一直是高校英语专业课程中的重点性内容，也是影响较大的核心类课程。随着时代的发展，社会对人才的要求发生了改变，这就促进了高校英语专业教学的改革。只有不断更新教学的理念，优化教学的质量，才能培养出一批新时代的优秀型人才。本节就高校英语专业综合英语课程的重要性及特点进行阐述，并分析高校英语专业综合英语课程教学存在的问题、高校英语专业综合英语课程的教学改革方法，为相关高校的英语教学提供借鉴的理论性依据。

英语这门学科其重要性不言而喻，从小学开始学生就开始接触到英语。综合英语课程一般是我国高校英语专业学生必需的基础课程，其是从听说读写多个角度来提高学生的英语综合运用能力。通过长时间的英语学习可以提高学生英语基础知识，帮助学生适应将来的社会。因此作为高校内部较为重要的综合英语课程的教学就显得尤为重要，如何采用科学的教学来提高教学的质量是每一位高校英语教师需要思考的问题。

一、高校英语专业综合英语课程的重要性及特点

综合英语课程是高校英语专业学生必修的一门课程，也是较为重要的一门课程。该类课程包含两个阶段，第一个阶段是基础英语阶段。这个课程目标在设置时一般为技能课，主要是培养学生英语的运用能力。在教材中会通过课本来提高学生的基础语言及理解能力、写作能力等。第二类是高级英语，这个阶段主要是训练学生的综合英语技能。比如在语法、写作能力等方面，其会涉及社会、经济、文化等方面的知识。通过学习此方面的知识，也能够进一步拓展学生的知识面，提高学生对社会的理解，增强学生的逻辑思维能力。一般课程的设置是根据高等学校英语专业教学大纲所设置的，其涉及面会比较广，开课时间很长，占据学科分数也比较高。通过对基础课程的学习可以提高学生在词汇、句型等方面的理解，也能为学习高级英语打下基础。同时高级英语的学习又能够增强自我的逻辑思维能力、欣赏能力，提高学生的人际交往能力，可见综合英语课程学习对高校的重要性。

二、高校英语专业综合英语课程教学存在的问题

（一）课程设置有待完善

高校英语专业综合英语课程的特点是课程时间比较长，内容又多。所以在课程设置上面就容易出现一些偏差。像综合英语中的基础性英语知识

一般比较多。所以在教学时，有些英语教师为了赶时间完成教学内容，单纯的理论教学会比较多，在拓展和实践方面较少。有时候虽然开展了实践活动，但是由于课程时间比较短，留的时间不多，所以最终起的效果也不是很明显。还有一些高校将综合英语设置成了一门大课。在大课中学习经常会出现学生在下面玩手机，不认真听课等情况。而教师因为学生众多，又不能顾及每一位学生，最终导致课程教学效果较差。当然评价方式也存在误区，大多数高校都是以期末考试来评定学生学习的成果。这就会出现临时抱佛脚的情况，很多学生课上不认真听，在考试之前突击或者是采用一些偏门的方法来保证通过考试。

（二）学生个体性差异须得到重视

学生个人在学习高校综合英语课程时存在两种问题，第一种是高校学生在英语水平方面存在个体性的差异。一般高校在接收学生时，都是根据总分来判定。而内部的学生大多都是来自各个地区，其在英语水平方面本身就会存在较大的差异。举个最简单的例子就是城市的学生生源各方面的条件都会比农村生源好，尤其是在英语的口语表达、接受能力等方面。第二点就是学生对于综合英语课程缺乏理解。大多数学生都认为英语只要会读、会写、会背就可以应付考试。但应付考试并不是高校英语教学的最终目的，在现如今的社会更重要的还是要提高高校学生英语的应用能力。毕竟学习英语这门课程并不是为了让学生应付考试，而是在将来迈入社会，进入工作之后，能够和外国人进行交流，为工作打下坚实的基础。

（三）英语教学方式有待提高

高校英语教学方式还存在滞后性。这归结于教师和学生自我对于英语错误的看法，认为学习英语最终的目的就是考试，尤其是高校的四六级、期末考试。而为了应付考试，老师也会把大部分的时间和精力花在提高学生的理解能力、阅读能力等方面。这种教学目标也会导致教学方式单一，学生花费更多的时间去背诵、练习。不注重培养学生的综合英语使用能力。这也导致高校英语专业综合英语课程失去了教学本质，学生的英语水平难以提高。

（四）课堂师生须加强互动

高校英语教师在教学时要求教师不仅要锻炼学生的听、说、读、写能力，更重要的是要提高高校学生英语思维能力及交际能力。这就需要教师营造一个师生、生生互动的课堂，以提高学生分析问题、解决问题的能力。面对有些高校生不敢用英语表达自身的想法，教师就要引导学生大胆地表达自己的想法和意见。但是纵观目前大多数的高校在英语课堂上并未做到这一点。课堂死气沉沉是高校教学的正常现状，学生和教师都在熬时间，全程填鸭式教育，师生之间缺乏互动。

三、高校英语专业综合英语课程的教学改革方法

（一）教学内容的改革

综合英语是高校英语专业的重点课程，基础性的语言知识包含语法、词汇等，训练的是学生听、说、读、写的各种能力。在教学内容方面也应该与时俱进，尤其是随着时代的不断发展，各方面的内容都在不断更新，传统的教材内容虽较为经典，但不免会存在滞后性。就如综合英语课程其内容包含人文、社会等多个主题，和生活也比较贴近，对学生日后的工作也会有很大的帮助。但是这些内容又缺乏了时代的热点。所以教师在教学时，可以配合该类内容的热点进行讲解，保证学生在学习到英语知识的同时既能了解当下的时事，也能够提高学生综合运用的能力。抑或是在二年

级第一学期布置学生阅读一本英美名著，拓展学生的知识面。根据学生阅读的情况，在第二学期选择较为深度名著来提升学生的英语能力。阅读的同时，要求学生记录下每个月的所读、所感，就像阅读笔记一样，并提交阶段性的英文观点，以提高学生的知识性及应用性。

（二）教学方式的改革

传统的英语课堂教学过程中，老师为主体，学生只是被动地听。这种填鸭式的教育使得学生成为课堂学习的机器。所学习的知识不能得到真正的消化，在此过程中学生的各项核心素养业务未能得到提高。和社会所需要的人才相背离。对此，高校英语教师需要在教学方式上进行改变，下文简单地对几类教学方式进行基本阐述。

1. 因材施教

所谓的因材施教即是分层式教学，对高校的英语专业学生来说，英语的基础水准是存在很大差别的，对此英语教师可以定期地对学生的英语综合水平进行测试。比如在开学前、期中考试时、期末考试时，根据学生的考试成绩以及课堂学习情况综合进行评定，对学生划分层次，进行分层式教学。根据每个层次的不同特点来设计不同的教学方案、内容以及目标，提高每一个学生在英语方面的能力，保证高校英语课中每一个学生都能够真正参与到英语课堂中。由于分层式教学本身就具有特殊性，高校英语老师较少，可以将不同层次的学生划分到不同的班级，以便教学。

2. 翻转课堂

高校英语课时较短，课程较少。为了转变传统的教学方式，将英语课堂变为学生的天地。教师可以采用翻转课堂进行教学。在课前设置教学目标，让学生跟着教学目标预习，组建答疑群，针对学生预习存在的问题及时进行解答。在课堂上利用简短的时间测试学生预习的效果，然后根据存在的重点问题进行分析、讲解，以提高学生对课堂的兴趣。

3. 合作式教学

在高校英语教学中，合作式英语教学能够提高学生学习的主动性。就拿《现代大学英语》的教材为例，在每个单元后面都有一个主题，可以围绕这个主题让学生分组进行展示，将全班 4 人分成一个小组，进行探究。比如保护环境这个主题。一个同学简单地用英文介绍我国目前环境所造成的污染，一个同学讲解保护环境的必要性，一个同学讲解保护环境的措施，最后一名同学总体陈述。陈述完相关内容之后，讲台下的学生需要向陈述者提出问题，以保证环境保护这个话题能够被深入地研究，在探究讨论的过程中，学生的英语水平也得到提高。通过这种合作模式，不仅提高了英语课堂的活跃度，同时学生的自主学习能力也大大提升。

4. 多媒体教学

综合英语课程包含基础性课程以及综合性课程。在基础性课程方面，教学方式往往过于单一，也影响英语课堂最终的教学效果。因此可以采用多媒体教学方式来提高学生学习基础性课程的兴趣。比如像一些基本的单词、词汇、语法之类就可以利用多媒体来播放出相关图片或者采用 PPT 教学、视频教学等来提高学生对于英语基础课堂知识学习的兴趣，以增加课堂的效率。

（三）线上课程的建设

高校英语专业的综合英语课程一周学习的时间较短，学生的课外时间比较多，为了便于学生更好地吸收所学习的知识。高校可以建立一个关于综合英语课程的网站，开发相关手机软件，将相关的教学资源传到网上，以便学生在网上随时能够学习，同时可以增加互动的环节，提高学生和老师之间互动性，便于学生及时掌握难点，给更多愿意提升自己的学生提供学习渠道。

（四）评价体系的改变

传统的高校英语在评价学生学习的效果时，都是通过最后一份试卷来判定。学生考试通过则不需要进行重考或者是重修，这也就造成了很多学生课上逃课，不认真听讲，课后临时抱佛脚的情况。可见这种评价体系过于单一，并不利于现代培养综合型的人才。为了转变学生和教师的这种错误认知，需要进一步将评价的体系进行优化，将其内部融入平时成绩课堂、笔试及口试。平时的成绩包括课堂的出勤率、参与度、单词读写情况等。平时的成绩是学生课堂情况的鉴定，最后的笔试是对学生听力、表达能力、写作能力的进一步测试。这样的评价体系也更利于高校英语学生能力的提升。

总而言之，英语这门课程社会的应用性加强，学好英语对学生将来的发展有重要的意义。高校英语专业学生是未来社会重要人才，内部的综合英语课程是较为核心且重要的一门课程，涉及的内容也比较全面，学好综合英语课程，有利于提高学生英语的综合使用能力。对此作为高校更应该在教学内容、教学方式、线上课程、评价体系等方面进行改革，以进一步提高高校学生的综合性素质。

第三节　高校综合英语教学中的多维互动教学模式

英语作为世界通用语言，其对学生未来的职业发展具有关键作用，而英语能力也是当今社会衡量人才的重要标准。高校综合英语传统教学依然存在知识传授偏重读写能力、课堂气氛沉闷、教学效果不佳、学生存在畏难情绪、教师思维固化和师生间缺乏有效的互动等问题。高校综合英语教学应构建多维互动教学模式，通过加强师生互动、凸显学生主体地位、注重学习小组互动、整合教学资源、组织课外活动和开展分级教学等六方面措施来进行。

一、多维互动教学模式概述

多维互动是一种全新的教学模式和教学理念，其符合素质教育的要求，突出以学生为教学中心和主体，强调通过小组互动、师生互动及生生互动的方式，构建科学的英语课堂结构，促使学生在互动中实现提升和锻炼。在新课改背景下，这种先进的教学模式可以有效培养学生的交流意识、互动意识、合作能力以及创新精神，提倡通过自主探究和合作学习，促使学生获得丰富的情感体验，让学生享受到学习的乐趣。

综合英语具有较强的人文性、实践性及互动性，但是在长期的教学实践中，教师主要以固化的模式开展教学，注重夯实学生词汇、语言以及句型等基础知识，对学生应用能力和综合素质的锻炼没有给予重视，进而导致虽然学生具备一定的英语写作水平，但是听英语和说英语的能力较差，难以利用英语与他人进行交流。同时，当今社会对人才的英语能力也提出新要求，因此，高校要结合社会发展趋势，对现行的教学重心进行调整和修改，积极引入多维互动模式，促进学生与教师的深入交流，在确保课堂质量的同时，实现学生能力与素质的全面提升，为学生未来的职业发展奠定基础。

二、当前高校综合英语传统方式授课中存在的几个问题

（一）知识传授偏重读写能力

受到应试思维的影响，综合英语教学依然过多关注学生的考试成绩，而教师为了保证学生通过四、六级考试，也将教学重点放在了基础知识上，并且将学生成绩作为其英语水平的重要衡量指标，而这种带有应试色彩和功利色彩的教学方式，已经难以满足学生诉求和社会要求。同时，虽然中国提倡素质教育，但是教学改革和创新缺乏实质性内容，改革重点也主要放在了教学方式和教学内容上，学生的心理因素和情感诉求被忽视，教师依然在课堂中和讲台上作为主角为学生讲解内容和传授知识，学生只能被动扮演观众角色，学生英语能力两极分化的问题也更加严重。

（二）课堂气氛沉闷，教学效果不佳

课堂气氛与教学效果和学习质量具有直接影响，和谐、活跃、生动和有趣的课堂氛围，可以为学生更好地开展学习提供环境支撑，而沉闷枯燥的课堂气氛，会带给学生压力，导致学生丧失英语兴趣。当前在综合英语课堂中，教师依然倾向于使用传统的固化模式开展教学，没有注重与学生进行有效互动，课堂缺乏生动性和趣味性，导致课堂效率难以提升。受到应试思维的影响，从小学到高中，教师都注重基础知识教学，导致学生虽然具备较强的应试能力，但是英语交流和应用能力较差，甚至一些学生害怕出错而不愿意主动开口说英语，缺乏说英语的信心。这样的教学使得大多数学生只能在纸上表述英语，无法口语表达。

三、高校综合英语教学构建多维互动教学模式的相关措施

（一）加强师生互动

当代大学生的个性更加明显，教师为了充分满足学生的个性化学习需求，要对英语教学进行适当的改革和创新，加强与学生的互动交流，转变课堂角色，扮演课堂中的引导者、组织者、参与者及合作者。首先，在具体教学过程中，教师要给学生更多自主探究的时间和空间，为学生搭建展示自我的舞台，对课堂进行有效的组织、对学生开展合理的引导，突出学生的课堂主体地位，给学生予尊重和了解，构建相互尊重、相互平等的关系；其次，除了教学互动之外，教师还要注重与学生进行情感互动，在课堂中和生活中，教师要注重个人形象和言行，一视同仁、亲切自然地对待学生，积极贯彻以人为本的理念开展教学。对于在学习中存在畏难情绪和困扰的学生要给予帮助和鼓励，促使学生克服困难，提升其学习信心和兴趣，在师生的共同配合下，保证各项教学活动的有序、高效开展，进而优化教学质量，为多维互动模式创设环境和条件。

（二）凸显学生主体地位

在素质教育背景下，教师也要结合时代特点和教育发展趋势，不断更新个人的教育思维和教育理念，教学以学生为主体，转变自身角色。首先，教师要根据素质教育要求，结合当代学生的个性需求和认知发展规律，凸显学生主体地位；其次，教师要通过同学互评、小组合作、分组表演及课堂演讲等方式，发挥学生主体作用，进而提升教学的效率和质量；最后，教师要给予学生关心和爱护，以动态的眼光去审视学生每一个微小的进步，

摒弃传统以成绩论英雄的固化方式，在关注学生考试分数的同时，综合衡量学生的整体能力，包容和理解学生出现的每一个失误，正确看待学生的个体差异，耐心地帮助学生开展针对性学习。

（三）注重学习小组互动

对大学生而言，他们已经具备独立思维和意识。同学之间的互动和交流，对学生个性发展和学习效果具有直接影响。因此，教师要在课堂中以小组的形式开展同学互动，而同群人和同龄人之间的交流互动，还可以帮助学生消除情感、行为和思想方面的障碍。在教学过程中，教师要鼓励学生大胆质疑、敢于提问，在小组互动中培养学生的创新思维、革新理念和质疑精神，引导学生相互纠正和仿效，实现所有学生的共同发展。

对综合英语教学而言，小组合作是多维互动模式的关键途径和重要方式，教师结合教学目标和教学内容，以小组讨论、课堂辩论、情境交流或者口头演讲的方式进行课堂教学活动，进而提升课堂的趣味性和活跃度。同时，教师还可以引入任务驱动法，以布置任务的方式鼓励各个小组通过合作完成，加强小组成员之间的交流配合。但是教师在布置任务的过程中，需要结合学生的实际需求和认知特点，任务不能过难，否则会挫伤学生的学习热情；任务也不能过于简单，否则会导致学生失去探究兴趣。

（四）整合教学资源

多维互动模式不仅强调要实现教学方式、教学内容及教学理念的创新，同时还要求教师要积极引入先进的技术辅助教学，例如多媒体技术、信息技术及网络技术，通过整合相关教学资源，全面提升和培养学生说英语、听英语以及用英语的能力。首先，在课堂教学中，教师要充分利用英语教材，高校英语教材都是经过教育专家精心编制而成，其中收录的课文具有较强的教学价值，教师要发挥教材的重要性，以教材为基础与学生开展互动交流；其次，一些有条件的高校要积极引进信息技术和多媒体技术辅助教学，提升教学的生动性、形象性及直观性，让学生在富有趣味的教学中吸收和巩固知识。例如，教师可以引入多媒体技术为学生创设教学情境，并且通过音频和提示等方式，给予学生启迪，促使学生更加全面地把握对话内容。其次，随着网络技术的蓬勃发展，在互联网中有大量可以利用的教学资源，如英语广播、英语电影及英语学习软件 等，教师要为学生推荐适合的教学资源，鼓励学生在课下开展自主学习，锻炼学生的英语语感，激发学生的英语兴趣，提升其学习自信心。最后，教师还要积极应用信息技术与学生开展交流。例如，教师可以在班级内部建立群组，定期在群组中推送优秀的英语文章、好听的英语歌曲及经典的英文电影，与学生在群组中交流沟通等，加强与学生的课下互动，进而唤醒学生英语兴趣。

（五）组织课外活动

对高校而言，课外活动是丰富学生校园生活的重要途径。对教师而言，课外活动是加强与学生互动的关键方式。对学生而言，课外互动是展示自我的最佳舞台。因此，高校要积极利用自身的办学优势，组织综合英语课外活动，通过活动加强学生与教师、学生与学生的互动交流，为学生提供锻炼自我、展示自我的舞台。首先，教师要发挥引导和组织作用，为学生多举办一些有益的英语主题活动，将课外活动作为课堂教学的有效延伸，引导学生将英语知识应用到活动和生活中，提升学生的人文精神和综合素质，起到巩固已学英语知识的作用。其次，教师在组织开展课外活动的过程中，要保证活动的趣味性和可参与度。例如，通过组织英语配音大赛、英语戏剧比赛、英语主题演讲及英语歌曲演唱等课外活动，激发学生的参与热情，在锻炼学生个人能力的同时，提高学生的英语信心和兴趣。最后，教师要积极应用网络技术开展课外活动，以网络为载体突破地域和时间条件的限制，实现学生的网络互动和交流。

（六）开展分级教学

每个学生在认知水平、英语基础、学习习惯及思维能力方面均存在一定的差异。高校和教师要充分认识这种差异性，在教学中遵循因材施教的理念，对学生开展分级教学，并且通过分级教学实现所有学生的英语能力得到强化和提升。同时，通过分级教学还可以保证多维互动教学的针对性和有效性，让互动更具效率。首先，在新生入学后，教师要对学生的英语基础进行摸底调查，结合学生专业选择不同的调查方式；其次，在完成学生分级后，教师要针对不同层级学生的特点和能力制订教学计划，尤其要注重多维互动的方式，高校也要对英语教学建立评估体系，对学生开展动态的监督和管理，定期对学生的英语水平进行测试；最后，在对学生开展评价的过程中，要改变以往单一的笔试考核模式，要将笔试和口试充分结合，鼓励学生将所学知识应用于生活中，提升学生对说英语和听英语的重视程度。同时，在学生评价中，教师还要引入同学互评、教师点评以及学生自评等多元化评价方式，通过不同的评价方式完成学生与教师、学生与学生的互动交流，将评级纳入考核体系中，引导学生结合评价针对自己的薄弱环节开展针对性学习。

综合英语教学引入多维互动模式，以学生的实践能力、交流能力为培养目标开展教学，有助于学生素质与能力的全面提升。因此，高校和教师需要坚持科学的教学理念，对教学内容、教学方法、教学理念进行革新，在实践中探索多维互动模式的有效应用，促使综合英语教学更加符合学生诉求和社会要求，为学生更好的发展提供帮助。

参考文献

[1] 陈许 . 思考与探索 高校英语教学与研究论集 [M]. 重庆：重庆大学出版社，2008.

[2] 杜羽洁，史红霞 . 高校英语教学模式创新与发展研究 [M]. 北京：北京工业大学出版社，2019.

[3] 高红梅，管艳郡，朱荣萍 . 高校英语教学创新性研究 [M]. 吉林人民出版社，2021.

[4] 高云柱 . 跨文化交际与高校英语教学融合发展研究 [M]. 北京：新华出版社，2021.

[5] 管艳郡，朱荣萍，罗芳 . 高校英语教学及其语言学应用研究 [M]. 长春：吉林人民出版社，2021.

[6] 韩俊秀，吴英华，贾世娇 . 任务型学习法与高校英语教学 [M]. 广州：广东旅游出版社，2019.

[7] 宏杰 . 基于跨文化交际理论的高校英语教学创新探究 [M]. 北京：新华出版社，2021.

[8] 胡晓霞 . 基于应用语言学理论下的高校英语教学研究 [M]. 长春：吉林人民出版社，2021.

[9] 胡亚辉 . 基于翻译能力培养的高校英语教学改革研究 [M]. 北京：北京工业大学出版社，2019.

[10] 蒋丽霞 . 文化视域下的高校英语教学研究 [M]. 北京：北京工业大学出版社，2021.

[11] 李慧 . 我国高校英语教学模式研究 [M]. 吉林出版集团股份有限公司，2022.

[12] 李婷 . 跨文化交际研究与高校英语教学创新探索 [M]. 北京：九州出版社，2019.

[13] 李小莉 . 高校英语教学理论与实践 [M]. 延吉：延边大学出版社，2021.

[14] 刘菲 . 高校英语教学的研究热点 英语教师专业发展研究 [M]. 长春：吉林出版集团股份有限公司，2021.

[15] 刘蕊 . 教育生态化视角下高校英语教学创新研究 [M]. 长春：吉林出版集团股份有限公司，2021.

[16] 刘婷 . 新时期高校英语教学的多视角研究 [M]. 北京：中国商务出版社，2022.

[17] 刘亚娜 . 高校英语教学理论与实践探究 [M]. 长春：吉林人民出版社，2020.

[18] 刘媛 . 新时代高校英语教学研究 [M]. 北京：北京工业大学出版社，2019.

[19] 卢昕，马春线，宋凯 . 高校英语教学的基础理论与应用研究 [M]. 北京：九州出版社，2017.

[20] 鲁静 . 思维创新在高校英语教学中的应用 [M]. 长春：吉林人民出版社，2020.

[21] 秦初阳，孙金凤，丽娜 . 跨文化视域下的高校英语教学理论体系重构探索 [M]. 长春：吉林人民出版社，2021.

[22] 孙婕 . 高校英语教学理论及实务研究 [M]. 长春：吉林人民出版社，2022.

[23] 王景文 . 跨文化交际与高校英语教学研究 [M]. 长春：吉林出版集团股份有限公司，2022.

[24] 王磊 . 高校英语教学转型发展研究 [M]. 长春：吉林人民出版社，2019.

[25] 王园 . 基于第二语言习得理论的高校英语教学研究 [M]. 长春：吉林大学出版社，2019.

[26] 王志南 ."互联网 +"时代高校英语教学优化与创新实践研究 [M]. 长春：吉林大学出版社，2020.

[27] 吴文亮 . 信息化时代高校英语教学理论的解构与重塑 [M]. 长春：吉林大学出版社，2019.

[28] 夏珺 . 高校英语教学设计优化与模式创新研究 [M]. 长春：吉林人民出版社，2022.

[29] 徐道平，王凤娇，赵卫红 . 互联网时代下高校英语教学研究 [M]. 长春：吉林人民出版社，2019.

[30] 徐琴 . 新时代高校英语教学模式创新研究 [M]. 北京：北京工业大学出版社，2021.

[31] 薛丽 . 当代高校英语教学与第二语言习得研究 [M]. 北京：北京工业大学出版社，2019.

[32] 杨雪静 . 高校英语教学模式创新研究 [M]. 长春：吉林人民出版社，2019.

[33] 尹扬帆 . 中国高校英语教学与研究 [M]. 上海：复旦大学出版社，2007.

[34] 于明波 . 当代高校英语教学与混合式学习模式探究 [M]. 北京：中国纺织出版社，2019.

[35] 张金焕 . 高校英语教学设计优化与模式改革研究 [M]. 长春：吉林人民出版社，2020.

[36] 张迎春 . 互联网 + 背景下高校英语教学创新研究 [M]. 北京：中国原子能出版传媒有限公司，2021.

[37] 赵艳芳 . 基于课堂生态视角下的高校英语教学 [M]. 长春：吉林人民出版社，2020.